Investigação de Paternidade
POSSE DE ESTADO DE FILHO

B671i   Boeira, José Bernardo Ramos
     Investigação de paternidade: posse de estado de filho: paternidade socioafetiva / José Bernardo Ramos Boeira. — Porto
Alegre: Livraria do Advogado, 1999.
     170p.; 14x21cm.

     ISBN 85-7348-119-6

   1. Ação de investigação de paternidade. 2. Filiação. I. Título.

CDU 347.63

Índices para catálogo sistemático:

Filiação
Ação de investigação de paternidade

(Bibliotecária responsável: Marta Roberto, CRB 10/652)

José Bernardo Ramos Boeira

Investigação de Paternidade
POSSE DE ESTADO DE FILHO

PATERNIDADE SOCIOAFETIVA

livraria
DO ADVOGADO
editora

Porto Alegre 1999

© José Bernardo Ramos Boeira, 1999

Capa, projeto gráfico e diagramação
Livraria do Advogado/Valmor Bortoloti

Revisão
Rosane Marques Borba

Direitos desta edição reservados por
Livraria do Advogado Ltda.
Rua Riachuelo, 1338
90010-273 Porto Alegre RS
fone/fax: (051) 225-3311
E-mail: livadv@vanet.com.br
Internet: www.liv-advogado.com.br

Impresso no Brasil / Printed in Brazil

A verdadeira dimensão do ser humano
é revelada e construída na afetividade.

Somos, por formação profissional e
acadêmica, um pouco discípulo de
vários mestres, mas muito de um
deles, *Dr. Ney Fayet*.

Aos doutores *Juarez Freitas*,
Luis Edson Fachin e *Regina Ruaro*,
pela orientação recebida.

Para *Rita, Cassiane* e *Bernardo Júnior*.

Prefácio

Continua absolutamente atual a frase cunhada pelo jurista Jimenez de Asúa, quando disse que, em havendo uma nova Constituição, deveríamos fazer novos códigos e novas leis, para adaptar, de imediato, todo o sistema jurídico ao novo fundamento de validade que é a Constituição. Certamente o grande jurista estava preocupado com as dificuldades hermenêuticas inerentes ao processo de receptação do direito antigo ao novo fundamento de validade representado pela nova Constituição. Em nosso país, é absolutamente relevante que se discuta essa temática. Isto porque, passados 10 anos desde a promulgação da Constituição, inúmeros dispositivos da Carta continuam ineficazes, alguns por falta de regulamentação, e outros por redefinição (ou por interpretações despistadoras) do próprio Poder Judiciário. É certo que não precisamos chegar à máxima de Asúa; entretanto, à evidência, necessitamos fazer uma filtragem hermenêutico-constitucional de todas as normas infraconstitucionais do sistema.

É nesse contexto que surge a obra de José Bernardo Ramos Boeira, que tenho a honra de apresentar à comunidade jurídica do país. Como ele mesmo refere, embora nem o Código Civil e nem tampouco o projeto que tramita no Congresso Nacional contemplem expressamente a "posse de estado de filho" como suporte fático necessário e suficiente por si só para sustentar o estabelecimento da filiação, "o certo é que uma interpretação sistemática do direito vigente, orientada pelos princípios e valores presentes na Constituição, possibilita construir uma estrutura argumentativa capaz de superar e romper a clausura imposta pelo sistema de filiação sustentado pela presunção *pater is est.*"

A não-aceitação pela dogmática jurídica da "posse de estado de filho" como suporte plenipotenciário para o estabelecimento da filiação tem raízes nas dificuldades que os juristas têm em aceitar e/ou aplicar os princípios constitucionais. Daí que não tenho dúvidas em afirmar que o Direito passa por uma crise de paradigma (Kuhn), entendendo que a dogmática jurídica é um claro exemplo paradigmático. A crise se instaura justamente porque, muito embora estejamos – formalmente – sob a égide do Estado Democrático de Direito, no interior do qual o direito é (deve) ser transformador e dirigido para a comunidade, a dogmática jurídica, que instrumentaliza o Direito, continua trabalhando sob a perspectiva de um modelo liberal-individualista de Direito.

O direito de família – matéria que Boeira enfrenta com maestria na presente obra – é atingido por essa crise em vários aspectos. Um deles diz respeito ao fato de que, a par de os conflitos familiares chegarem ao judiciário institucionalizados, são vistos pelos operadores jurídicos (juízes, promotores, advogados, etc.) como produtos monádicos da sociedade. É como se, das profundezas do caos da sociedade, pudesse "emergir" um conflito "depurado", sem a inexorável "contaminação" da sociedade na qual os personagens/protagonistas do conflito estão inexoravelmente mergulhados. Dito de outro modo, tem-se (ainda) uma visão do direito de família como se ele fosse um ramo do direito encarregado de tratar *questiúnculas privadas,* desconectadas da complexidade e da dialeticidade social.

Não esqueçamos que, historicamente, muito embora tal circunstância ficasse, evidentemente, não-dita/escondida/escamoteada, o direito de família tem tido caráter muito mais público que privado é dizer: *público* porque sempre serviu para regular a célula familiar e adaptá-la/amoldá-la ao modo de produção capitalista e seus esquemas de reprodução e repartição das riquezas; *privado*, para que seus reflexos fossem/sejam *amalgamados por um sistema jurídico* instrumentalizado por uma dogmática jurídica que (ainda) trabalha com a perspectiva de uma sociedade de cunho liberal-individualista, no interior do qual o direito de família é visto sob a ótica privatística. Não nos olvidemos que nosso Código Civil é de 1917, que revogou as ordenações do Reino, editadas pelo Rei Felipe no final do século 16 e início do século 17. Ou seja, em plena República, continuamos a usar, durante quase 30 anos, uma legislação feita por colonizadores séculos antes. Observe-se que esta lentidão para elaborar (novas) leis que tratem da propriedade, família e sucessões, não se repete quando o assunto é direito penal: proclamada a República, já no ano seguinte tínhamos um novo código criminal. Afinal, uma nova "clientela", saída da escravidão, devia ser reprimida...

Já o Código Civil foi discutido durante 17 anos (o atual tramita há mais de 20 anos no Congresso Nacional!!). Quando de sua promulgação, a família era (?) estritamente patriarcal. Por isso, a mulher (esposa) foi colocada como uma "colaboradora", "do lar", como a maioria das mulheres que se qualificava ao preencher fichas de cadastro... O direito dos filhos ilegítimos ao reconhecimento legal somente surgiu no final da década de 40, e o divórcio só foi autorizado, no Brasil, depois de uma grande batalha, no ano de 1977. Veja-se que, como bem observa Fachin, "a proposta assistencial do Estado do bem-estar apanhava a família do século XIX, patriarcal, heterossexual, hierarquizada e matrimonializada. Uma família com a qual o Estado de antes se preocupava, mas pouco intervinha. Uma família com diversas missões, dentre elas procriação, formação de mão-deobra, transmissão de patrimônio e de uma primeira base de aprendizado."[1] Não vamos esquecer, enfim, que "a família aparece como uma das alienações fundamentais, formando um bloco coerente com a tradição e a propriedade", no dizer de Arnaud.[2] Dito de outro modo, não se apercebem os operadores do Direito que os conflitos de família fazem parte e são decorrentes de uma complexa rede de relações econômico-políticas que engendram uma sociedade díspar e injusta, onde cada vez mais "o público passa a se preocupar do privado e por isso mesmo o casamento ainda é tido como uma instituição. *O modelo de família e o de Estado se ajustam, e o Estado preenche funções da família em maior grau que antes.*"[3] Nesse contexto, o *establishment* trabalha com "as questões de família" mediante um deslocamento ideológico-discursivo que Ferraz Jr. chama de astúcia da razão dogmática, na qual os problemas do universo fenomênico são catapultados para o mundo das abstrações/idealizações. Não se fala mais *do* conflito familiar/social e sim, *sobre* o conflito familiar/social.

Estamos, assim, em face de um sério problema: de um lado temos uma sociedade carente de realização de direitos e, de outro, uma Constituição Federal e um conjunto de tratados e convenções internacionais que garantem estes direitos da forma mais ampla possível. *Este é o contraponto.* Daí o acerto de José Ribas Vieira[4] em dizer que *"a crise do Judiciário deriva do descompasso existente entre sua atuação e as necessidades sociais, considerando-se totalmente insuficiente a afirmação formal da existência de determinados direitos,* uma vez que o Direito só tem real existência a partir de uma agência coativa disposta a aplicar as normas jurídicas".

---

[1] Cfe. Fachin, Luiz Edson. Da função pública ao espaço privado. Aspectos da "privatização" da família no projeto do "Estado mínimo". *In: Direito e neoliberalismo.* Agostinho Ramalho Marques Neto *et alli.* Curitiba, EDIBEJ, 1996.

[2] Cfe. Arnaud, André-Jean. *O direito traído pela filosofia.* Trad. Wanda de Lemos Capeller e Luciano Oliveira. Porto Alegre, Fabris, 1991, p.127.

[3] Cfe. Fachin, *op. cit.*

[4] Cfe. Ribas, José. *Teoria do Estado.* Rio de Janeiro, Lumen Juris, 1995, p.111.

A efetivação do Direito(e dos direitos) passa, necessariamente, por uma espécie de deslocamento do centro de decisões (ou pólo de tensão) – *no âmbito do Estado Democrático de Direito* – dos Poderes Legislativo e Executivo para o âmbito do Judiciário. *Neste aspecto assume relevância a hermenêutica jurídica.* Assim, para que alcancemos tal desiderato, necessitamos, primeiro, superar esse paradigma normativista, próprio de um modelo de Direito liberal-individualista. Para tanto, é preciso entender que sustentando esse modo liberal-individualista de produção de direito – existe um *campo jurídico*, instituído ao mesmo que instituinte, no interior do qual trabalha-se ainda com a perspectiva de que, embora o Estado tenha mudado de feição, o Direito perfaz um caminho a *latere*, à revelia das transformações advindas de um Estado intervencionista, regulador.

Nesse contexto, o livro de José Bernardo Ramos Boeira, ao tratar dessa importante temática, prescrevendo a necessidade (urgente) da constitucionalização do direito civil, constitui-se em uma importante contribuição para a filtragem hermenêutico-constitucional do sistema jurídico. É necessário entender que a família do Estado Democrático de Direito deve ser vista como integrante do Direito Público, secularizado, como é o Direito do Estado Democrático de Direito. Há que se ter claro, pois, e não é difícil perceber isso, *que a crise que atravessa o direito engendra uma desfuncionalidade do sistema, que é, ao mesmo tempo, a sua própria "funcionalidade".* Desse modo, a superação dessa crise passa pela efetivação dos direitos previstos na Constituição Federal, *entendidos como promessas da modernidade,* e pela inexorabilidade da inserção – no mundo das normas jurídicas – da principiologia da Constituição. O Direito somente tem sentido se visto sobre uma ótica garantista. Como bem acentuava Ferrajoli, qualquer norma infraconstitucional deve passar, necessariamente, pelo processo de contaminação/filtragem constitucional. O Juiz (e o operador jurídico *lato sensu*) somente está sujeito à lei enquanto válida, quero dizer, coerente com o conteúdo material da Constituição.[5] Para tanto, basta que se dê uma examinada na riqueza do texto constitucional. Boeira, na presente obra, demonstra seu comprometimento com o Estado Democrático de Direito. Propõe, assim, uma *(re)simbolização* do sistema jurídico, através da hermenêutica, no interior do qual os operadores do Direito possam superar o serôdio obstáculo imposto pelo sistema de filiação sustentado pela presunção *pater is est*. E isso, sem dúvida, é possível, mormente se compreendermos – e somente interpretamos se compreendemos – o problema sobre a ótica de um Direito de Família publicizado e secularizado, consoante determina o *plus* normativo representado pelo Estado Democrático de Direito. Interpretar é avançar; interpretar é transformar. Como bem lembra Eni Puccinelli Orlandi, *"o gesto de interpretação se dá porque o espaço simbólico e marcado pela incompletude, pela relação com o silêncio. A interpretação é o vestígio do possível"*.

LENIO LUIZ STRECK

Doutor em Direito, Professor em
Direito da UNISINOS, Mestrado e Doutorado

---

[5] Cfe. Ferrajoli, Luigi. "O direito como sistema de garantias". *In: O novo em Direito e Política*. José Alcebíades de Oliveira Jr. (org) Porto Alegre, Livraria do Advogado, 1997.

Sumário

Introdução 15

1. Noção de família numa visão sociológica 19

2. Conceito e unidade da filiação 29
   2.1. Justificativa sociológica da unidade da filiação 32
   2.2. Consagração jurídica da unidade da filiação em nível
      internacional e interno constitucional 33
   2.3. O suporte fático da filiação 38

3. Presunção *pater is est* e seus fundamentos 41
   3.1. Fundamentos da presunção 43
   3.2. Função e natureza da presunção 46
   3.3. Presunção no sentido técnico e ideológico 50

4. Posse de estado de filho - importância 53

5. Posse de estado - conceito e elementos caracterizadores .. 57
   5.1. Conceito de posse de estado na questão da filiação e sua
      presença no ordenamento jurídico pátrio 58
   5.2. Elementos caracterizadores 62
   5.3. A dupla função da posse de estado 66
   5.4. Posse de estado – questão de fato ou de direito? 70
   5.5. Perda da posse 71

6. Posse de estado e posse de direitos reais 73

7. Posse de estado e a teoria da aparência 81

**8. Conflitos de paternidade e insuficiência do sistema do
Código Civil na sua solução** 85
   8.1. Casos que demonstram a insuficiência do sistema adota-
      do pelo Código Civil na solução dos conflitos de pater-
      nidade 87
   8.2. Circunstâncias que fazem cessar a presunção de paterni-
      dade 91

8.3. Proposta para o acolhimento da noção de posse de estado de filho pelo ordenamento jurídico brasileiro 92

9. Direito comparado 95

9.1. Direito francês 95

9.2. Direito espanhol 96

9.3. Direito boliviano 97

9.4. Direito venezuelano 97

9.5. Direito português 98

9.6. Direito uruguaio 101

9.7. Direito argentino 101

9.8. Direito italiano 103

9.9. Direito belga 104

9.10. Direito soviético 105

10. Filiação ilegítima e posse de estado no sistema jurídico brasileiro e na jurisprudência 107

10.1. Evolução legislativa no reconhecimento da filiação ilegítima 107

10.2. A posição da jurisprudência 112

11. Natureza da ação de estado 123

12. Interpretação sistemática no estabelecimento da filiação a partir da posse de estado de filho 135

Conclusão 161

Referências bibliográficas 165

Introdução

A dinâmica social impõe uma noção de família nova, buscando no dia-a-dia, que espelha a realidade sociológica, sua configuração, afastada do conceito clássico, de acordo com a qual ela se caracterizava por ser patriarcal, hierarquizada e matrimonializada.

Diante dessa realidade, o sistema codificado, que regula o estabelecimento da filiação, já não mais atende às necessidades presentes na solução dos conflitos de paternidade que se estabelecem, ditados pela força dos fatos, que a ninguém é permitido ignorar.

Daí por que nos propomos a examinar a noção de "posse de estado de filho", preocupados em verificar, nos casos de filiação adulterina, o papel por ela desempenhado, que foi redescoberto nas recentes reformas que se processaram em legislações de alguns países, sobretudo na França, em Portugal e na Bélgica, como um instrumento eficiente e regular do sistema da filiação.

Embora nossa legislação ordinária não contemple, expressamente, o instituto da "posse de estado de filho", pretendemos examiná-lo numa visão futura de sua utilidade dentro do ordenamento jurídico pátrio.

Ainda, revitalizada na sua aplicação e importância dentro da realidade atual, a noção de "posse de estado de filho" descortinou um conceito de família sociológica, na qual a paternidade é, efetivamente, reveladora de intensos laços de afetividade no relacionamento entre pai e filho.

Investigação de Paternidade
POSSE DE ESTADO DE FILHO

Assim, sem afastar a importância da verdade jurídica imposta pelo sistema em vigor e sem ignorar o significado da verdade biológica, a "posse de estado de filho" identifica mais uma verdade, talvez a mais relevante no direito de família, que é a verdade socioafetiva, preponderante como referencial na determinação de uma paternidade responsável. Dessa forma, tendo a Constituição Federal de 1988 ampliado o conceito de casamento , como gerador de família e nele incluído o conceito de entidade familiar (art. 226), a partir da realidade social, ou seja, da união de pessoas sem a formalização do casamento, ou pelo vínculo monoparental, mas com a mesma igualdade de filiação (art. 227) da família matrimonializada, achamos oportuno o presente tema - posse de estado de filho - como dissertação no curso de mestrado da Pontifícia Universidade Católica do Rio Grande do Sul.

Para tanto, a metodologia utilizada na pesquisa interligou a teoria estabelecida na literatura contemporânea com os dados obtidos nos documentos investigados, basicamente partindo de uma interpretação sistemática. Assim, como método de Pesquisa, este trabalho tem características de um estudo do tipo exploratório de natureza descritiva e explicativa, realizando observação, seleção, análise e interpretação dos dados coletados. Quanto à coleta de dados foram utilizadas como fonte de informação a revisão bibliográfica sobre o marco teórico desenvolvido e o levantamento de algumas legislações que versam sobre o tema. O trabalho divide-se em oito capítulos, partindo da noção de família numa visão sociológica, onde procuraremos demonstrar a evolução deste grupo social, e os reflexos destas mudanças no mundo jurídico. Em seguida, examinaremos o conceito e unidade da filiação dentro de um sistema informado pela presunção *Pater is est* e seus fundamentos, que estabelece a paternidade jurídica. Fixadas as bases da família sociológica, pesquisaremos a noção de posse de estado de filho, seu conceito, sua importância na solução dos conflitos de paternidade, dentro da filiação tida como ilegítima e em face do direito comparado. Por fim, partindo de uma revisão do processo hermenêutico, com a finalidade de resgatar a dimensão sociológica do direito, procuraremos demonstrar que é possível acolher a noção de posse de estado de filho, não como um adminículo de prova incorporada à expressão - veementes presunções resultantes de fatos já certos -, constante do inciso II do art. 349 do Código Civil, mas sim como elemento constitutivo e causa de pedir no estabelecimento da filiação, em face dos novos valores acolhidos pela Constituição Federal, sobretudo a unidade da filiação.

Investigação de Paternidade
POSSE DE ESTADO DE FILHO

1. Noção de família numa visão sociológica

É, justamente, na declaração da paternidade que está toda a complexidade da filiação. Daí por que, resolvemos examinar a posse de estado de filho no estabelecimento da filiação, sobretudo considerando a noção de família estampada na Magna Carta. Entretanto, não há como iniciar-se um estudo sobre o sistema de estabelecimento da filiação codificado sem uma análise da noção de família, examinando não só no sentido genérico e biológico, mas, sobretudo, no seu aspecto sociológico.

Biologicamente, família é o conjunto de pessoas que descendem de tronco ancestral comum, ou seja, unidos por laços de sangue. Em sentido estrito, a família representa o grupo formado pelos pais e filhos.[1]

A noção codificada de família, quando da elaboração do Código Civil brasileiro de 1916, em face de uma sociedade basicamente rural, revelava uma família que funcionava como uma unidade de produção, importando para tanto ser numerosa, representando uma maior

---

[1] MIRANDA, Pontes de. *Tratado de Direito Privado*. Tomo VII, p. 456, Rio de Janeiro: Borsoi, 1955. "Esta palavra *família* em sentido especial, compreende o pai, a mãe e os filhos". Às vezes exprimia a reunião das pessoas colocadas sob o poder pátrio ou a *manus* de um chefe único. A família compreendia, portanto, o *pater familias*, que era o chefe, os descendentes ou não, submetidos ao pátrio poder, e a mulher *in manu*, que se considerava em condição análoga à de filha: *loco filiae*. O *pater familias* e as pessoas sob seu poder eram unidos entre si pelo parentesco civil *(agnatio)*.

Investigação de Paternidade
POSSE DE ESTADO DE FILHO

força de trabalho e maiores condições de sobrevivência de todo o grupo. Este modelo de família era chefiado por um homem, que além de exercer o papel de pai e marido, detinha toda a autoridade e poder sustentados numa estrutura patrimonial. Daí, as características patriarcais e hierarquizadas do modelo centrado na chefia do marido, ocupando a mulher e os filhos uma posição de inferioridade no grupo familiar.

Todo o sistema originário do Código Civil tem como base a *família* como grupo *social de sangue com origem no casamento*. Portanto, juridicamente, pelo sistema codificado, a família legítima somente se constituía através de matrimônio válido, o que implicava afastar de qualquer proteção legal os filhos de uniões não matrimonializadas, tidos por ilegítimos, em razão de não se enquadrarem dentro do modelo desenhado pelo sistema.

De outro lado, a existência da presunção *pater is est* tratava de afastar eventuais ameaças à legitimidade dos filhos oriundos do casamento. Some-se a isso a indissolubidade do vínculo matrimonial e a proteção do patrimônio familiar, a ponto de os próprios genitores decidirem sobre os casamento de seu filhos.

As palavras de Michelle Perrot interpretam esta realidade ao afirmar: *"a família, como rede de pessoas e conjunto de bens, é um nome, um sangue, um patrimônio material e simbólico, herdado e transmitido. A família é fluxo de propriedade que depende primeiramente da lei".*[2]

Assim, para o sistema, o casamento é a fonte única da família. E a união do homem com a mulher para a prática do ato sexual, *quando matrimonializada*, passou a ser aceita, reconhecida e autorizada pela religião e pelo direito. Quer dizer, o casamento moraliza as relações sexuais, firmando ainda, uma expectativa de que os

---

[2] PERROT, Michelle. Funções da família. In. *História da vida privada: da revolução francesa à primeira guerra*. São Paulo: Companhia das Letras, 1991, v. 4, p. 105.

cônjuges não desertem do dever de coabitação para irem buscar satisfação de seus instintos em outro leito que não o da convivência conjugal. Com o cristianismo, o amor conjugal transforma-se em sacramento, tornando os esposos, dois em uma só carne. Essa comunhão de vida é para a religião, recíproca, perpétua, autorizando a entrega do direito sobre seus corpos, com exclusividade, na coabitação. É bíblica a defesa do caráter indissolúvel e monogâmico do matrimônio. E é tão importante para o Direito Canônico a satisfação do instinto sexual dentro do casamento que só o considera consumado, quando, realmente, houve cópula, segundo Santo Tomás de Aquino, pondera Orlando Gomes. Esta família é, ainda, patriarcal, mostrando no parentesco a tradição patrilinear, vinda, historicamente, dos romanos, onde o filho nascido dentro do casamento pertence à família do pai, adotando seu patronímico, como princípio da hierarquia paternal.[3]

Com este marco da religião, orientando a ética e a moral dos povos, a sociedade passou a classificar em dois tipos as uniões do homem e da mulher para satisfação do instinto sexual: *uniões legítimas*, as matrimonializadas, em que as relações sexuais estão franqueadas e legalizadas, e *uniões ilegítimas*, que a lei ou desconhecia ou menosprezava, e a qual a religião reprova.

Destas uniões, decorriam dois tipos de filhos: os *legítimos*, havidos dentro do casamento; e *ilegítimos*, havidos fora do casamento, que, por sua vez, compreendem dois grupos: *naturais e espúrios*.

Antecipa-se aqui, que a opção da unidade da filiação, tendo por base o princípio da igualdade entre os

---

[3] FACHIN, Luis Edson. *Estabelecimento da filiação e da paternidade presumida.* Porto Alegre: Sérgio A. Fabris, 1992. O cunho patriarcal do modelo adotado pelo sistema se revela de várias formas, como, por exemplo, na imposição do patronímico, símbolo do reconhecimento parental no âmbito da família. Todavia, esse modelo não reproduz sempre de modo uniforme, especialmente quando a realidade social condiciona fortemente a estrutura familiar.

Investigação de Paternidade
POSSE DE ESTADO DE FILHO

filhos nascidos fora do casamento e os nascidos dentro do casamento, *não fez desaparecer a distinção existente entre filhos legítimos e ilegítimos, como resultante necessário, natural e automático do casamento*, segundo alerta o saudoso Prof. Clóvis do Couto e Silva, citado pelo Prof. Fachin,[4] *presente em todas as legislações.* Então o que a Constituição não permite é o tratamento *discriminatório.*

Dessa forma, *"o princípio da igualdade não obsta que a lei possa dar tratamento diferente à relação surgida dentro e fora do casamento, pois correspondem a diferentes realidades sociológicas".* Até porque, a lei não pode tratar igualmente os desiguais.[5]

Entretanto, a denominada "grande-família", com caráter patriarcal e hierarquizado, centrada no matrimônio, sofreu transformações que foram constatadas e reveladas por sociólogos, historiadores e juristas, chegando para muitos a ser considerada como um processo de desintegração familiar.[6] Este processo é resultado de profundas mudanças das estruturas sociais, econômicas, políticas e culturais, tais como, a Revolução Industrial, grandes concentrações urbanas, inserção da mulher no processo de produção e emancipação feminina. É a passagem da família patriarcal à família nuclear. Começa a desaparecer a concepção antiga de família e, em oposição a ela, nasce a família moderna. Esta, distante da família patriarcal caracterizada por ser uma unidade de produção, é muito mais um núcleo onde são dominantes as relações de afeto, de solidariedade e de cooperação.[7] A família, ao transformar-se, valoriza as relações de sentimentos entre seus membros, numa comunhão de

---

[4] FACHIN, Luis Edson. *Estabelecimento da filiação e da paternidade presumida.* Porto Alegre: Sérgio A. Fabris, 1992, p. 35.

[5] COELHO, Pereira. *Filiação.* Coimbra: Universidade de Coimbra, 1978. p. 26.

[6] ARDIGÓ, A. *Sociologia della famiglia. Questioni di sociologia.* Brescia, 1966. v.1. p. 581.

[7] OLIVEIRA, José Lamartine Correa, e Francisco José Ferreira Muniz. *Direito de Família (Direito Matrimonial).* Porto Alegre: Sérgio Fabris Editor. 1990, p. 11.

afetividade recíproca no seu interior. Assim, sob concepção *eudemonista*,[8] a família e o casamento passam a existir para o desenvolvimento da pessoa, realizando os seus interesses afetivos e existenciais[9] - como apoio indispensável para sua formação e estabilidade na vida em sociedade. Assim, *"de uma unidade criada para fins econômicos, políticos, culturais e religiosos, a família passou a grupo de companheirismo e lugar de afetividade"*.[10]

É de se reconhecer pelo Texto Constitucional que a "família-instituição", tutelada em si mesma, foi substituída pela "família-instrumento", voltada para o desenvolvimento da personalidade de seus membros. Tem-se uma família funcionalizada à formação e desenvolvimento da personalidade de seus integrantes; nuclear, democrática, protegida na medida em que cumpra o seu papel educacional, e na *qual o vínculo biológico e a unicidade patrimonial são aspectos secundários*.[11]

A Constituição Federal brasileira recepciona a família nuclear, representada por pai, mãe e filhos, ao reconhecer, expressamente, especial proteção do Estado (art. 226), instituindo-a como base da sociedade. É a pessoa humana, o desenvolvimento de sua personalidade, o elemento finalístico da proteção estatal, para cuja realização devem convergir todas as normas do direito positivo, em particular aquelas que disciplinam o direito de família e regram as relações mais íntimas de sua

---

[8] Conforme *Novo Dicionário da língua portuguesa*, esta expressão quer significar a "doutrina que admite ser a felicidade individual ou coletiva o fundamento da conduta humana", o que aproxima da afetividade. FERREIRA, Aurélio Buarque de Holanda. Novo dicionário da língua portuguesa. 2. Ed. Ver. Aum. Rio de Janeiro: Nova Fronteira, 1986, p. 734.

[9] MICHEL, A. *Modèles sociologiques de la famille dans les societés contemporaines - réformes du droit de la famille. Arquives de Philosophie du Droit*: 131, 1975.

[10] VILLELA, João Baptista. *Liberdade e família*. Monografia. Belo Horizonte: Faculdade de Direito da UFMG, 1980, p.11.

[11] G. Tepedino. *A Tutela Jurídica da Filiação (Aspectos Constitucionais e Estatutários)" in* T. Silva Pereira (Coord.), *Estatuto da Criança e do Adolescente - Estudos Sócio-Jurídicos*. Rio de Janeiro: Renovar, 1991, pp. 265 e ss.

Investigação de Paternidade
POSSE DE ESTADO DE FILHO

interação social.[12] Mas, para contemplar a realidade sociológica presente, que descortinava fatos relevantes para o direito, em que o casamento não é mais a fonte exclusiva da família, o legislador pátrio reconhece também como entidade familiar (art. 226, §§ 3º e 4º), *a união estável entre o homem e a mulher, bem como a comunidade formada por qualquer dos pais e seus descendentes*, chamadas famílias *monoparentais*. Foram as "uniões livres" afastadas da marginalidade em que estavam colocadas pelo Direito Positivo, embora a construção doutrinária e jurisprudencial já lhes reconhecessem verdadeiro *status*.[13]

A própria jurisprudência já vinha acolhendo esta nova noção de família, pois o Superior Tribunal de Justiça, refere-se à interpretação, à luz da Constituição o art. 1.719, III, CC, em cujo teor se proíbe a deixa testamentária à concubina de testador casado. Demonstrando a necessidade de diferenciar as figuras da concubina e da companheira, aquela "amante, mulher de encontros velados, do lar clandestino", esta "mulher que se une ao homem já separado de fato da esposa", afirma-se imperioso proceder, no entendimento do preceito, à exclusão da companheira, porque a "união estável entre o homem e a mulher é reconhecida como entidade familiar (art. 226, § 3º, CF), em inequívoca demonstração de que o legislador constituinte, sensível à realidade vivenciada pela sociedade, consagrou esse relacionamento como credor da proteção do Estado. E este, através de sua

---

[12] TEPEDINO, Gustavo. *Temas de Direito Civil*. Renovar, Rio de Janeiro, 1999, p. 326. Para o referido autor, o exame da disciplina jurídica das entidades familiares depende da concreta verificação do entendimento desse pressuposto finalístico, qual seja, a promoção da dignidade humana. Assim, "merecerá tutela jurídica e especial proteção do ESTADO a entidade familiar que, efetivamente, promova a dignidade e a realização da personalidade de seus componentes". Com base em Pietro Perlingieri, sustenta que a configuração da família como comunidade intermediária funcionalizada à realização da pessoa, em perspectiva nitidamente solidarista, não já individualista.

[13] PEREIRA, Caio Mário da Silva. *Reconhecimento de paternidade e seus efeitos*. Rio de Janeiro: Forense, 1991, p. 159.

função jurisdicional, quando interpreta, restritivamente, o impedimento consignado no art. 1.719, III, CC, cumpre o desiderato constitucional".[14] Na verdade, para fins de estabelecimento da filiação, o sistema jurídico não mais permite distinguir entre a figura da concubina e companheira, ou ainda, qualquer outra adjetivação que se queira dar àquela que, em encontros velados ou não, gerou uma vida humana. Isso se deve ao fato de que há muito nos afastamos da visão instrumentalista da atividade sexual, a qual consistia num dever matrimonial para a procriação. Nesse contexto, o teólogo Herbert Doms se empenhou na valorização da comunidade conjugal em si mesma, sustentando que os órgãos e atos do sexo não estão a serviço exclusivo da espécie e nem lhes toca, seguramente, tal finalidade precedente e imediatamente. Pelo contrário, devem servir, em prioridade ontológica, à realização das pessoas concretas e reais, em cada situação comprometidas.[15]

Saliente-se, pois, que não só a família está constitucionalizada com proteção especial, como base da sociedade, mas também ao sistema matrimonial foi agregado valor especial. Isso porque se adotou o sistema do casamento civil facultativo do tipo anglo-saxão, cujo ato jurídico pode-se realizar de forma *civil* ou *religiosa*. Disso decorrem efeitos diretos à posição jurídica de cônjuge, que, segundo alguns, seria um direito de personalidade.[16]

---

[14] RE 196, de 8.8.89, Rel. Min. Sálvio de Figueiredo, in *Rev. do Superior Tribunal de Justiça*, 3/1/85.

[15] Villela, João Baptista. *Liberdade e Família*, Movimento Editorial da Revista da Faculdade de Direito da UFMG, Volume III, série Monografias - Número 2, Belo Horizonte. 1980, p. 24.

[16] OLIVEIRA, José Lamartine Correa, e Francisco José Ferreira Muniz. *Direito de Família (Direito Matrimonial)*. Porto Alegre, Sérgio Fabris Editor. 1990. p. 20. Entendeu-se, na doutrina suíça, que o direito à relação pessoal entre os cônjuges que nasce da união conjugal é um direito de personalidade cujo regime de proteção é dado pelas regras de direito de família. A violação desse direito reclama especial proteção, quer em relação ao terceiro que perturba a relação conjugal, quer em relação ao cônjuge que falta ao seu

Mas outra alteração profunda ocorreu na concepção de família que consiste no reconhecimento de um direito à felicidade individual conjugal.[17] Não se pode esquecer ainda que "surgiu uma nova ética matrimonial, que também interveio para descaracterizar a família como célula da procriação. Com efeito, o vasto campo das ciências do comportamento começou a repensar a teoria do ato sexual, reconhecendo nele, além de uma finalidade reprodutiva, também um forte dinamismo de promoção do casal, capaz de gratificá-lo não apenas biológica mas também emocionalmente",[18] tendo como

dever de fidelidade. Discute-se, na doutrina, se o cônjuge pode promover ação para cessar as relações adulterinas de seu cônjuge com terceiro. Na Alemanha, desenvolveu-se, com fundamento no direito geral de personalidade e no artigo 6, al. 1, da Constituição, segundo o qual o casamento e a família gozam de proteção particular do Estado, a orientação seguinte: a posição jurídica do cônjuge deve ser protegida contra terceiro perturbador da relação matrimonial. Assim, se a vida conjugal é molestada pelo fato de o cônjuge sustentar relações com terceiros, concede-se ao outro cônjuge "ação de cessação da perturbação", que se destina a interditar relações contrárias ao dever de fidelidade. Na França, sustenta-se a possibilidade de um ação de abstenção contra o cônjuge infrator do dever de fidelidade, sob ameaça de *astreinte*. Uma tal ação seria possível contra o terceiro. Ações de indenização por ato ilícito - reparação pelo prejuízo material e moral - são admitidas. Contra o cônjuge, só após o casamento. Há autores que consideram possível ação de indenização, mesmo durante o casamento contra o cônjuge e contra o terceiro cúmplice.

[17] OLIVEIRA, Guilherme de. "Sobre a verdade e a ficção no Direito de Família". in *Boletim da Faculdade de Direito*, Universidade de Coimbra, v. LI, p. 275 Segundo o autor, "a realização afetiva dos parceiros matrimoniais liberta-se do constrangimento imposto pela idéia societária da família tida como um ente supraindividual e, hoje em dia, o 'bem da família' resulta do somatório do bem de cada um dos seus membros, da felicidade que o agregado familiar pode proporcinar a cada um, agora senhor e não servidor da família. O reconhecimento deste direito à felicidade individual tem determinado múltiplos aspectos da regulamentação jurídica da vida familiar cujo denominador comum é, pode dizer-se, a repartição flexível das funções dos cônjuges, de acordo com as aspirações e exigências particulares e consoante o quadro circunstancial que a família se move num certo momento (ciclo familiar). Como o direito matrimonial, também o direito da filiação tem evoluído bastante nos últimos dez ou quinze anos, sob pressão de um movimento favorável aos filhos nascidos fora do casamento."

[18] VILLELA, João Baptista. *Liberdade e Família*, Movimento Editorial da Revista da Faculdade de Direito da UFMG, Volume III, série Monografias - Número 2. Belo Horizonte.1980. "Começava, assim, a abalar-se a multissecu-

núcleo integrativo da relação familiar, a qualificação da afetividade.

Assim, a nova família se estrutura nas relações de autenticidade, afeto, amor, diálogo e igualdade, não se confunde com o modelo tradicional, quase sempre próximo da hipocrisia, da falsidade institucionalizada,[19] valorando a verdade sociológica construída todos os dias através do cultivo dos vínculos de afetividade entre seus membros.

Houve, na verdade, uma "repersonalização" das relações de família, que não significa um retorno ao vago humanismo da fase liberal, ao individualismo, mas é a afirmação da finalidade mais relevante da família: a realização da afetividade pela pessoa no grupo familiar; no humanismo que só se constrói na solidariedade com o outro.[20]

Assim, embora o afeto, como sentimento íntimo que é, possa interessar, inicialmente, às pessoas que o sentem e cultivam, tem relevância jurídica destacada nas relações de família. Entretanto, pode-se afirmar que, nas relações tradicionais de família, ou seja, aquelas amparadas pelo matrimônio e em razão disso, a presença da *affectio* era presumida, enquanto, nas relações não matrimonializadas o afeto tem conteúdo diverso e é, na verdade, o elemento exteriorizador de sua própria existência. Enquanto a presunção da *affetio maritalis* na família patriarcal era resultante da própria situação jurídica estabelecida, e, portanto, poderia não existir, a

---

lar teoria dos fins do casamento, assentada a partir de AGOSTINHO e TOMÁS DE AQUINO. Aquele Doutor da Igreja via, com efeito, na união sexual dos esposos "dever para os sãos" (*sanis officium*) e "remédio para os doentes" (*aegrotis remedium*), redimindo o mal da cópula pelo bem do matrimônio. Esta concepção maniqueísta de tal modo impregnou a moral tradicional que BENI SANTOS chega a atribuir como norma prática nos seus quadros o princípio *quanto menos melhor.*"

[19] LEITE, Eduardo Olveira. *Tratado de direito de família: origem e evolução do casamento*. Curitiba. Jiruá, 1991, pp. 367 e 369.

[20] LÔBO, Paulo Luiz Neto. A repersonalização das relações de família. *In* : *O Direito de família e a Constituição de 1988*. São Paulo: Saraiva, 1989, pp. 400-15.

Investigação de Paternidade
POSSE DE ESTADO DE FILHO

27

noção de afeto, no novo modelo de família, é razão da sua própria constituição, desenvolvimento e sobrevivência.[21] Afirma Fachin que: *"da família matrimonializada por contrato chegou-se à família informal, precisamente porque afeto não é dever e a coabitação uma opção, um ato de liberdade. Da margem para o centro: os interesses dos filhos, qualquer que seja natureza da filiação, restam prioritariamente considerados"*.[22]

Esta nova visão repercutiu, significativamente, nas bases que até então eram depositárias dos critérios para o estabelecimento da filiação, exigindo novos parâmetros que possam resolver os conflitos graves e infindáveis que existem nesse meio.

Traçada a evolução conceitual da família importa, a partir de então, estabelecer-se o conceito de filiação, e sustentar sua unidade com base na igualdade intrínseca dos seres humanos.

---

[21] Considerações baseadas no artigo da Profa. SILVANA MARIA CARBONERA - O papel jurídico do afeto nas relações de família. In *Repensando Fundamento do Direito Civil Brasileiro Contemporâneo*.

[22] FACHIN, Luis Edson. *Da paternidade: relação biológica e afetiva*. Belo Horizonte: del Rey, 1996, p. 98.

2. Conceito e unidade da filiação

A filiação, na definição de Planiol, "é a relação que surge entre uma pessoa e outra, imediatamente descendente daquela, ou tal se reputando".[23] Ou é a "relação que o fato da procriação estabelece entre duas pessoas, das quais uma é nascida da outra, ou ainda, uma relação ou vínculo que une por consanguinidade gerado e geradores".[24] Esta relação considerada com respeito ao filho é chamada de *filiação*; com respeito ao pai, *paternidade* e com respeito à mãe, *maternidade*, que estrutura o sistema de parentesco. É, pois, a filiação a relação de parentesco que se estabelece entre pais e filhos, sendo designada, do ponto de vista dos pais, como relação de paternidade e maternidade.

A disciplina da filiação é tratada no Código Civil com a orientação estabelecida pelo direito romano, distinguindo-se os filhos em legítimos, cujos pais eram casados entre si; e espúrios, gerados de união ilegítima (incestuosos, adulterinos) e naturais, oriundos de concubinato, sendo que esta terceira classe surgiu no direito pós-clássico. Quer dizer: a classificação decorre da posição jurídica dos pais, extremando-se os filhos gerados por pessoas casadas - filhos legítimos - daqueles provenientes de relações extramatrimoniais - filhos ilegítimos -,

---

[23] MOURA, Mário Aguiar. *Tratado prático da filiação*. 2. ed. Rio de Janeiro: Aide, 1984, v. I, p. 18.

[24] LAFAYETTE, Rodrigues Pereira. *Direitos de Família*, 2. ed., Rio de Janeiro, Editora da "Tribuna Liberal", 1889.

derivando daí histórica e odiosa discriminação, justificada pela proteção legislativa à chamada família legítima, estabelecida por união matrimonializada, em detrimento dos filhos nascidos de relação extraconjugal. Por essa razão, o grande mestre Clóvis Beviláqua, já em 1896, afirmava que a ilegitimidade não prejudica a estimação civil, pregando uma legislação mais humana e justa para os filhos ilegítimos. Observa que o direito moderno ainda mantém resquícios de velhas idéias de injusto desconceito com que se estigmatizavam os bastardos, sendo ilegitimidade, ainda, para a consciência média da sociedade, um labéu afrontoso, concluindo que é outra, não obstante, a orientação que a conduz e a vai, em breve, pojar em terreno mais livre de preconceitos.[25]

Entretanto, foram necessários quase cem anos para que os sonhos do emérito jurisconsulto se concretizassem na Constituição de 5 de outubro de 1988, estabelecendo a igualdade plena entre os filhos, qualquer que seja a natureza da filiação. Esta isonomia não tem como importância, simplesmente, nivelar direitos patrimoniais e sucessórios, aspecto de fundamental relevância que já havia sido acolhido pelo art. 51 da Lei do Divórcio, de 1977, mas destaca-se pelo fato de impor uma nova ordem axiológica, com eficácia imediata em todo o ordenamento jurídico, cuja compreensão se torna indispensável para uma correta interpretação da normativa constitucional aplicável às relações de família.

Sem dúvida, a disciplina anterior pela qual a tutela dos filhos decorria necessariamente de uma relação preexistente com seus pais, atendia a uma lógica patrimonialista bem definida. Isso porque os bens deveriam ser concentrados e contidos na esfera da família legítima, perpetuados pela linha de consangüinidade. Além disso, a proteção estatal recaía na família fundada no casamento, que representava um valor em si, como ato

---

[25] BEVILÁQUA, Clóvis. *Direito de Família*, 3. ed., Recife, 1908, p. 434.

jurídico, identificado com a noção de família legítima, o que determinava sua manutenção a qualquer custo. Esta situação posta gerou a indissolubilidade do vínculo matrimonial; o poder marital e a subordinação incondicional da mulher casada ao cônjuge varão; a chefia do marido na sociedade conjugal; a presunção de paternidade do marido, sempre em favor da chamada "paz doméstica".

A nova ordem constitucional alterou, totalmente, este sistema, assegurando, ao lado da igualdade dos filhos, a tutela de núcleos familiares monoparentais, formado por um dos descendentes com os filhos (art. 226, § 4º), e extramatrimoniais (art. 226, § 3º).

Para Tepedino, esta nova tábua de valores presentes no ápice do ordenamento jurídico, sobretudo fundados na dignidade da pessoa humana, determinaram três traços característicos em matéria de filiação: 1) A funcionalização das entidades familiares à realização da personalidade de seus membros, em particular dos filhos. Prioridade para a pessoa e interesses do filho; 2) A despatrimonialização das relações entre pais e filhos. Decorre do fato de que as relações jurídicas patrimoniais passaram a ser subordinadas por valores extrapatrimoniais (ex. dignidade da pessoa humana), o que implica despatrimonializá-las; 3) A desvinculação entre a proteção conferida aos filhos e a espécie de relação dos genitores. Assim, o vínculo matrimonial, só por si, não há de ser resguardado, senão como instrumento de desenvolvimento da personalidade dos cônjuges e dos filhos.[26] Estas alterações substanciais nas relações de direito privado, impostas pela nova ordem de valores presentes na Constituição são identificadas por FACHIN, com apoio em Orlando de Carvalho, como uma "repersonalização" dos estatutos essenciais do direito

---

[26] TEPEDINO, Gustavo. *Temas de Direito Civil*. Renovar, Rio de Janeiro, 1999, p. 395. Segundo o autor, este "processo evolutivo é demarcado pela funcionalização, despatrimonialização e despenalização das relações de família".

Investigação de Paternidade
POSSE DE ESTADO DE FILHO

civil, que desfaz a primazia patrimonial e recoloca o indivíduo como ser coletivo no centro dos interesses".[27]

2.1. Justificativa sociológica da unidade da filiação

A igualdade intrínseca dos seres humanos é estabelecida pelo processo natural de iniciação da vida. Para a maioria dos doutrinadores, aqui está a raiz essencial da unidade da filiação, o seu elemento conceitual básico. Segundo Savatier, a consideração da pessoa do filho extramatrimonial está ligada às ideologias de época e ao meio social para o qual se legisla, constatando o que é uma característica típica do Direito de Família, tão singularmente sujeito à realidade do tempo e lugar a que se destina. Os dados que oferece o desenvolvimento da sociedade no último século e que têm contribuído para equiparação das filiações *são o declínio da família patriarcal, a redução do patrimônio familiar e a troca de atitude em relação ao filho.* Relativamente à primeira observação, a família legítima se reduz, cada vez mais, ao núcleo de pais-filhos, é mais frágil, mais débil, mais sujeita a quebrar-se com o divórcio. Esta mesma instabilidade dá lugar legítimo à sua crescente autonomia, relativamente a ascendentes e colaterais, reduz a distância que o separava antes da união não constituída e sua descendência. Prossegue o mesmo autor, dizendo que, felizmente, o declínio da instituição familiar é acompanhada, paradoxalmente, de uma revalorização do matrimônio, porque, sendo este concebido como realização fundada no amor, já não se busca a união livre para realizar o direito ao amor.[28]

---

[27] FACHIN, Luis Edson. *Da Paternidade. Relação Biológica e Afetiva.* p. 79.

[28] SAVATIER, René. Sua manifestação nas Primeiras Jornadas de Estudos Jean Dabin sobre *"A Família ilegítima num processo de humanização do direito frente ao fato social do abandono ou exposição"*, Madrid, 1967. E, quanto à

As observações do conceituado autor davam os indicativos da evolução da estrutura social, que foram ainda mais acentuadas nas mudanças de costumes, esvaziando os núcleos de resistência que se mantiveram até há pouco tempo, contra a unidade da filiação. Deve-se reconhecer, contudo, que a igualdade total enfrenta ainda obstáculos de fatos que podem impor-se à pretendida mais absoluta equiparação, que, embora consagrada constitucionalmente, podem conduzir ao estabelecimento de diferenças entre filhos matrimoniais e não-matrimoniais, o que não tem desaparecido totalmente no direito contemporâneo, em que pese sua consagração jurídica em nível internacional.

2.2. Consagração jurídica da unidade da filiação em nível internacional e interno constitucional

Sem dúvida, a unidade da filiação tem sido consagrada nas distintas Declarações dos Direitos Humanos proclamadas em nível internacional. Trata-se de normas programáticas e orientadoras cuja incorporação pelo direito interno realiza-se lentamente, em face das circunstâncias de cada país, que, quando signatários das respectivas convenções, assumem o compromisso de traduzi-las em normas reguladoras. O tema foi abordado com aporte científico em nível internacional, em jornadas e congressos, como por exemplo, As Primeiras Jornadas de Estudo Jean Dabin (Bruxelas, 1965), as Jornadas de Estudo organizadas pela Comissão Jurídica

redução do patrimônio familiar, explica o autor que "este patrimônio transmitido de geração em geração, constituía antes o cimento econômico indispensável ao grupo familiar para proteger e fazer viver a seus membros. *Numa civilização de trabalho, os ingressos principais dos lugares não estão ligados à propriedade, senão à profissão exercida pelos cônjuges. Daí, que a família segue tendo necessidade de proteger-se com tanto cuidado contra os bastardos que pretendiam obter uma parte do patrimônio.* O conflito entre os filhos naturais e a família legítima tem perdido força."

Investigação de Paternidade
POSSE DE ESTADO DE FILHO

Internacional do Bureau Catholique de L'Enfance (Madrid, 1969) e os Congressos Internacionais de Direito Comparado de Upsala (1966) e Teherán (1974).

A Declaração Universal dos Direitos do Homem, aprovada na Assembléia Geral das Nações Unidas em 1948, estabelece, na segunda oração do anexo 2, do artigo 25, que *"todos os filhos, nascidos de matrimônio ou fora dele, têm direito a igual proteção social"*. A Declaração Universal dos Direitos dos filhos, aprovada também pela Assembléia Geral das Nações Unidas, em 1959, estabelece, em seu primeiro princípio, que *"não se admitem exceções, distinções ou discriminações por motivo de nascimento ou outra condição"*. Igualmente, o Pacto Internacional de Direitos Civis e Políticos das Nações Unidas, de 1966, consagra o princípio (art. 24). No mesmo sentido, reza o Pacto Internacional de Direitos Econômicos, Sociais e Culturais de 1966 (art. 10, § 3º). O Conselho Econômico e Social aprovou, em 1977, um projeto de princípios gerais sobre a igualdade e a não-discriminação das pessoas nascidas fora do matrimônio e do qual destacamos a seguinte parte do texto:

"Considerando que uma proteção social igual para todos os filhos, nascidos de matrimônio ou fora do matrimônio, tem sido proclamada na Declaração dos Direitos do Filho, de 1959, e o § 2º, do art. 25 da Declaração Universal dos Direitos Humanos e confirmada pelo § 3º, do art 10, do Pacto Internacional de Direitos Econômicos, Sociais e Culturais, assim como pelo art. 24, do Pacto Internacional de Direitos Civis e Políticos.

Para tanto, a fim de eliminar esta forma de discriminação se proclamam os seguintes princípios gerais: 1) Toda a pessoa nascida fora do matrimônio terá direito ao reconhecimento legal de sua filiação materna e paterna; 2) Se presumirá que o marido é pai de todo o filho nascido de sua mulher sempre que tenha sido concebido ou tenha nascido durante o matrimônio. Esta presunção somente poderá destruir-se por decisão judicial fundada em provas de que o marido não é o pai; 3) Uma vez determinada sua filiação, toda pessoa nascida fora do matrimônio terá os mesmos direitos hereditários que a nascida de matrimônio; 4) Toda pessoa nascida fora do matrimônio deverá gozar dos mesmos direitos políticos, sociais, econômicos e culturais, que as nascidas de matrimônio. O Estado deverá dispensar assistência material e de outra índole aos filhos nascidos fora do matrimônio".

Ainda, a Convenção Americana sobre Direitos Humanos, chamada Pacto de San José da Costa Rica, por ter sido firmada nesta cidade, em 1969, dispõe em seu art. 5º: *"A lei deve reconhecer iguais direitos tanto aos filhos nascidos fora do matrimônio como aos nascidos dentro do mesmo".*

Constata-se em todas as declarações internacionais uma convergência com a fundamentação doutrinária exposta sobre a igualdade de direitos de todos os filhos, qualquer que seja a situação de seus pais no momento de sua concepção ou seu nascimento, o que se denomina aqui de *unidade de filiação.*

Mas, chega-se ao direito positivo privado interno, orientado pela doutrina e pelas pautas internacionais, e destas, às constituições, sem superar a mesma problemática: *conciliar o respeito pela pessoa e a defesa da família legítima constituída.*[29] Lembra Días de Guijarro que a igualdade de todos os habitantes de um país se reflete, naturalmente, na unidade da filiação. Assim, a igualdade pela não-discriminação, relativamente, à concepção ou o nascimento dentro ou fora do matrimônio, tem recebido consagração expressa em muitas comunidades políticas.[30]

---

[29] COSTA, Maria Josefa Mendez Costa. *La Filiacion.* Rubinzal Y Culzoni S. C.C. Editores, 1986, p. 53.

[30] DÍAZ DE GUIJARRO, Enrique, *Tratado de Derecho de Família,* T. I, Buenos Aires: Navidad, 1983, n. 183.

Maria Josefa Mendez Costa dá alguns exemplos, (que indicamos em notas de rodapé), de Constituições históricas ou vigentes que, expressamente, se referem à unidade da filiação mediante normas programáticas ou reguladoras, salientando que, em todas, é uma constante a proteção do matrimônio e da família fundada nele.[31]

---

[31] COSTA, Maria Josefa Mendez. *La Filiacion*. Rubinzal Y Culzoni S. C.C. Editores, 1986., págs. 48-53. Constituições que incluem normas programáticas: República Federal da Alemanha: "*A legislação deve assegurar aos filhos naturais as mesmas condições para seu desenvolvimento físico, intelectual e social que aos filhos legítimos*". *(art. 6. Constituição de 1949)*. O antecedente textual encontra-se no artigo 121, da Constituição de Weimar, com redação claramente programática (a legislação deve assegurar), destacando no inciso 1, do artigo 6, que "O matrimônio e a família estão colocados sob a proteção particular da ordem estatal". A Constituição Austríaca de 1920, dispõe: "Todos os cidadãos são iguais perante a lei. A lei não pode estabelecer privilégios fundados sobre o nascimento..."(art. 7, 1). Observa-se aqui a redação programática negativa ou proibitiva para o legislador. A Constituição da Venezuela, de 1963, em seu art. 75, dispunha que a lei proverá o necessário para que o filho, seja qual for sua filiação, possa conhecer seus pais para que estes cumpram com seus deveres de assistência, educação e proteção. Constituições que incluem normas diretamente operativas ou reguladoras: A Constituição da Bolívia, de 1945, em seu art. 132, dispõe: "*não se reconhecem desigualdades entre os filhos, todos possuem os mesmos direitos e deveres*". "*É permitida a investigação da paternidade conforme a lei*". Mas também assegura que: "*o matrimônio, a família e a maternidade estão sob proteção do estado*". Bulgária: "*Os filhos naturais gozam dos mesmos direitos que filhos legítimos*" *(art. 76, Constituição de 1947)*. E o primeiro parágrafo estabelece que: "*O matrimônio e a família estão colocados sob a proteção do estado*". Costa Rica: "*Os pais têm com seus filhos havidos fora do matrimônio as mesmas obrigações que os nascidos nele. Toda a pessoa tem direito a saber quem são seus pais conforme a lei*." (art. 53, Constituição de 1949). Os artigos 51 e 52 contemplam uma clara unidade conceitual: art. 51: "*A família, como elemento natural e fundamental da sociedade, tem direito à proteção especial do Estado*"; art. 52: "*O matrimônio é a base essencial da família*". Espanha: *Os poderes públicos asseguram, a si mesmo, a proteção integral dos filhos, iguais estes perante a lei com independência de sua filiação ... A lei possibilitará a investigação da paternidade. Os pais devem prestar assistência de toda a ordem aos filhos havidos dentro e fora do matrimônio, durante sua menoridade e nos demais casos em que legalmente esteja previsto.*" (art. 39, 2 e 3, Constituição de 1978). Guatemala: "*Não se reconhecem desigualdades legais entre os filhos, todos, incluindo os adotivos, têm os mesmos direitos. As qualificações sobre a natureza da filiação ficam abolidas. Não se fará declaração alguma diferenciando os nascimentos, nem sobre o estado civil dos pais, em nenhuma ata, atestado ou certificação referente à filiação. A lei determina a forma de investigar a filiação*" (art. 76, Constituição de 1945). O art. 74 dispõe que o Estado "*promoverá a organização da família sobre a base jurídica do matrimônio*". Itália: O art. 29 da Constituição da República Italiana de 1947 estabelece: "*A república reconhece os direitos da família como sociedade*

---

36   *José Bernardo Ramos Boeira*

Programáticos ou operativos, os preceitos constitucionais coincidem em proclamar a equiparação das filiações, sem fazer referência à situação dos progenitores e sem deixar de lado a proteção do matrimônio e da família nele fundada. Portanto, como fato relevante para o direito, o nascimento decorre do estabelecimento da filiação jurídica, determinando que todas a comunidades politicamente organizadas fizessem integrar, em seu sistema jurídico, normas específicas reguladoras deste fenômeno.

---

natural fundada no matrimônio". O art. 30 reza: *"É dever e direito dos pais manter, instruir e educar os filhos, ainda quando tenham nascido fora do matrimônio... A lei assegura aos filhos nascidos fora do matrimônio toda a tutela jurídica e social, compatível com os direitos dos membros da família legítima. A lei dita as normas e os limites para a investigação da paternidade"*. Aqui, expressamente se vinculam os direitos dos filhos não-matrimoniais a dos direitos dos membros da família legítima. Panamá: "A Constituição Panamenha de 1946 foi considerada avançada em seu momento. Os textos pertinentes estabelecem que os pais têm, com respeito aos seus filhos havidos fora do matrimônio, os mesmos deveres que com respeito aos havidos no matrimônio e que todos os filhos são iguais perante a lei e têm o mesmo direito hereditário na sucessão intestada" (art. 58). *"A lei regula a investigação de paternidade, ficando abolida de toda indicação sobre a natureza da filiação. Proíbe-se atestar qualquer declaração que contenha distinção sobre as condições do nascimento ou sobre o estado civil dos pais nas atas de inscrição daquele, nem em nenhum atestado, partida de batismo ou certificação referente à filiação"* (art. 59). Este mesmo texto inclui uma disposição transitória para permitir ao pai do filho nascido com anterioridade, a vigência da Constituição, ampará-lo com o estabelecido nela, sem requerer consentimento da mãe, mas o do filho se for maior de idade. Finalmente preceitua-se que a simulação de paternidade poderá ser impugnada por quem se encontre legalmente afetado pelo ato mediante um procedimento que a lei assinalará. O artigo 54 dispõe: *"O estado protege o matrimônio, a maternidade e a família..."*. O art. 55, *"O matrimônio é o fundamento legal da família..."*. A norma do art. 56, que outorga os efeitos do matrimônio à união de fato entre pessoas aptas para celebrá-lo, mantida durante dez anos consecutivos em condições de singularidade e estabilidade, não contraria a norma anterior porque somente significa uma forma especial de contraí-lo. Polônia: *"O nascimento fora do matrimônio não restringe os direitos do filho"* (art. 67, 2, da Constituição de 1952). Uruguai: *"Os pais têm, para com os filhos havidos fora do matrimônio, os mesmos deveres estabelecidos para os nascidos nele"* (art. 42, da Constituição de 1951). Iugoslávia: *"os pais têm as mesmas obrigações e deveres para com os filhos nascidos fora do matrimônio como para com filhos legítimos. A situação dos filhos nascidos fora do matrimônio será estabelecida por lei"*. (art. 26, penúltimo parágrafo, da Constituição de 1946). Destaca-se que este artigo começa com a seguinte oração: *"o matrimônio e a família estão sob proteção do Estado"*.

Investigação de Paternidade
POSSE DE ESTADO DE FILHO

37

2.3. O suporte fático da filiação

A filiação decorre do fato da concepção e geração do ser, como fruto da união sexual de outros dois seres, masculino e feminino. Assim, este fenômeno natural e biológico é valorizado pelo Direito, constituindo fato jurídico capaz de produzir efeitos. Considerando-se que a procriação, como fenômeno biológico, determina que todo filho tenha um pai e uma mãe, a filiação jurídica, por força da incidência de norma que declara a paternidade, teria que ser o retrato fiel da filiação biológica. A norma jurídica incide sobre este suporte fático - concepção, geração, nascimento, tão logo este se verifique no mundo dos fatos. Deve haver pois, perfeita coincidência entre o conteúdo jurídico da norma e a realidade objetiva sobre a qual deverá incidir, produzindo os efeitos desejados. Do contrário, sem os fatos previstos, ou em face de fatos diversos, a norma segue abstrata, sem qualquer eficácia; e sem a regra, os fatos são indiferentes para o direito.

Entretanto, embora as relações jurídicas tenham sua existência demonstrada por meio de provas, na filiação, nem sempre as coisas ocorrem dessa forma. Isso se dá porque a concepção já foi um fenômeno impenetrável, envolto em um mistério, razão pela qual os sistemas jurídicos não puderam tratar a filiação com rigorismo lógico e tampouco fecharam-se a um realismo inconseqüente.

Por essa razão, nem sempre existe uma perfeita coincidência entre a filiação natural e a jurídica. Para ser declarada a filiação jurídica, não é suficiente a filiação biológica, pois necessita de um agir qualificado que é o *reconhecimento*. E este ainda pode operar-se voluntariamente, por declaração judicial, ou por força da técnica jurídica criadora das presunções. Assim, embora todo filho tenha um pai do ponto de vista biológico, pode atravessar a vida inteira sem obter o estado de filiação paterna. Juridicamente, é filho sem pai ou filho de pai desconhecido. E não se pode esquecer que a Lei 7.841, de

17.10.89, revogou, expressamente, o art. 358 CCB, pois até recentemente próprio ordenamento jurídico proibia que o fato biológico ou a filiação natural ingressasse no mundo jurídico. Exemplo disso era a vedação legal do reconhecimento dos filhos incestuosos, de modo absoluto e, quanto aos adulterinos, de forma relativa, uma vez que estes poderiam ser reconhecidos após a extinção da sociedade conjugal a que estivesse vinculado o pai. Quando o sistema era assim orientado, poderia suceder que o filho adulterino viesse a falecer durante a existência da sociedade conjugal e jamais teria tido a oportunidade de ser reconhecido enquanto vivia.

Por outro lado, muitas vezes a lei impõe o estado de filiação, independentemente da realidade biológica. Tal fato se verifica quando a lei atribui a filiação legítima, ou seja, declara pai, o homem casado com a mãe da criança. E, se o marido, tempestivamente, não contesta a paternidade, com amparo no art. 344 e nos casos do art. 339, todos do CCB, a filiação jurídica se consolida, sem questionar a verdade biológica.

Outra criação jurídica que não se harmoniza com a verdade biológica da filiação é o fato de subordinar a lei a eficácia do reconhecimento do filho ilegítimo ao seu consentimento (art. 362 CCB). Ora, se houvesse coerência e unidade do sistema, o que deveria prevalecer é a realidade biológica, e esta, quando presente, seria determinante no direcionamento da paternidade. Mas o que há é um dispositivo legal que autoriza o filho a desprezar a verdade biológica e a afastar uma paternidade jurídica. É uma contradição injustificável do sistema. Quanto mais não fosse, o Direito de Família é um dos ramos do direito, em que o interesse público de suas normas faz incidir o princípio da indisponibilidade. Tanto que o estado civil existe ou não existe, e sendo assim, por coerência ao sistema, a lei não poderia permitir o império da vontade incondicionada, tornando disponível o que é indisponível.

Investigação de Paternidade
POSSE DE ESTADO DE FILHO

3. Presunção *pater is est* e seus fundamentos

O nosso sistema adota o regime de atribuição da paternidade, e por força exclusiva do casamento, consagra a máxima dos romanos: *"pater is est quem nuptiae demonstrant".* Quer dizer, é pai aquele que as núpcias legítimas indicam e firma a certeza para o estabelecimento da condição de filho como uma conseqüência natural e espontânea do casamento. Portanto, a filiação está dentro das conseqüências naturais que advêm da instituição do casamento. Isso porque, até o advento da Constituição de 1988, a família, como instituição jurídica, somente era considerada a matrimonializada.

Praticamente, todos os ordenamentos jurídicos mencionam esta presunção: o Código Civil Francês a consagra no art. 312, alínea 1: *"L'enfant conçu pendant le mariage a pour pére le mari".* (*"O filho concebido durante o casamento tem por pai o marido"*) BCG, art. 1.591; Código Civil suíço, art. 255, nº 1; Código Civil belga, art. 315; Código Civil português, art. 1.826, nº 1; Código Civil italiano, art. 231; Código Civil holandês, art. 197; Código Civil de Quebéc, art. 525; Código Civil japonês, art. 772. Na América Latina, os recentes Códigos do Peru (art. 361) e do Paraguai (art. 225) também mencionam a presunção. Na Argentina, a regra consta no art. 243 do Código Civil, com redação da Lei nº 23.264/85. Em Cuba, é prevista no Código de Família (Lei nº 1.289, art. 74).

Investigação de Paternidade
POSSE DE ESTADO DE FILHO

No Brasil, é antiga a aceitação da presunção *pater is est*, nos moldes latinos tradicionais. Já, no esboço de Teixeira de Freitas, a presunção de que o marido é pai dos filhos havidos de sua mulher constou no art. 1.460. No projeto de Código Civil, de Coelho Rodrigues, o art. 1225, dispunha: *"O filho, nascido seis meses depois do casamento contraído ou dentro de dez meses depois dele dissolvido, considera-se concebido durante ele e legítimo"*. Ainda, o Decreto nº 181, de 24 de janeiro de 1890 (Lei do Casamento Civil) estabeleceu que a filiação legítima decorre do casamento dos pais (arts. 8º, parágrafo único, 56, § 1º, 70 e 75).

Nosso Código Civil, no art. 337, declarava que são legítimos os filhos concebidos na constância do casamento. Este dispositivo, pela qualificação que empregava, adjetivando a filiação, já tinha entrado em colisão com o art. 227, § 6º, da Constituição Federal e foi revogado, expressamente, pela Lei nº 8.560/92. Continua em vigor o art. 338, que dispõe: I - os filhos nascidos 180 (cento e oitenta) dias, pelo menos, depois de estabelecida a convivência conjugal (art. 339); II - os nascidos dentro nos 300 (trezentos) dias subseqüentes à dissolução da sociedade conjugal por morte, desquite, ou anulação.

Considerando-se a proibição constitucional de serem utilizadas designações discriminatórias relativas à filiação (CF, art. 227, § 6º), a presunção de legitimidade, atualmente, deve ser chamada presunção de paternidade ou presunção de concepção durante o matrimônio.

A regra *pater is est*, além de representar o que, ordinariamente, acontece, ou seja, que quando a mulher casada coabita com o marido, são deste os filhos dela, foi concebida, também, para prestigiar o *favor legitimatis*, isto é, para favorecer o estado de filho legítimo, que era superior, e ao qual o legislador conferia direitos apreciáveis, mais benefícios e proveitos morais e materiais.

3.1. Fundamentos da presunção

São diversas as teorias que *sustentam o fundamento da presunção de paternidade do marido*, que passaremos a examinar resumidamente.

- **Teoria da Acessoriedade.** A maioria dos autores identifica esta teoria como a mais antiga, havendo referência dela em Maava Dharma Zasta, conhecido como o livro das Leis de Manú, aparecendo também em outros direitos antigos. Segundo ela, a presunção da paternidade do marido é uma conseqüência do domínio que ele exerce sobre sua esposa, cujo fruto - o filho - é acessório, o que em latim se traduzia com clássico aforisma: o acessório segue a condição do principal. Se o marido é dono da esposa, o é também do filho, que é seu fruto. Na doutrina medieval de alguns canonistas, como a do cardeal de Segusia - o Hostiesense - se repete esta idéia: *"paternitas autem provatur per nuptias; nam quicumque semen apposuerit, marito acquiritur qui este dominus ventris"*.[32]

- **Teoria da Presunção de fidelidade da esposa.** A presunção de paternidade, segundo esta teoria, sustentada, principalmente, pelos exegetas do Código Civil Francês e inspirada no iluminismo empirista - repousa numa presunção prévia, ou anterior: a fidelidade da esposa em relação ao seu marido, de modo que viria a erigir-se numa sorte de presunção de inocência do delito que a mulher goza, enquanto não se provam, a seu respeito, relações extramatrimoniais. *"Como o delito é uma exceção e não se pode supô-lo em princípio, o dever de fidelidade conjugal obriga a admitir, até que se prove em contrário, que o filho pertence ao marido"*.[33]

---

[32] BOSSERT, Gustavo; ZANNONI, Eduardo. *Régimen legal de filiación y patria potestad*, p. 36.

[33] BOSSERT, Gustavo; ZANNONI, Eduardo. *Op. cit.* p. 37.

- Teoria da Coabitação exclusiva. Claro está que, pela teoria anterior, se fosse certo que a presunção de paternidade repousa na presunção de fidelidade da esposa, o marido poderia destruí-la, pura e simplesmente, provando a quebra desta fidelidade. Por isso, ainda que não digam explicitamnte, alguns autores clássicos têm exposto que a presunção de paternidade repousa não em uma *presunção* de fidelidade, senão que no *fato positivo* da coabitação exclusiva entre os cônjuges, o que implica, correlativamente, relações sexuais exclusivas entre eles.[34] Alguns autores combinam ambas as teses anteriormente mencionadas, afirmando que a presunção se funda na realidade evidente das relações sexuais entre os cônjuges e na fidelidade que se guardam entre si. As duas teorias sofrem críticas uma vez que, tanto a presunção de fidelidade, como o fato evidente da coabitação exclusiva, são destruídas pela prova em contrário.

- Teoria da vigilância do marido. Não teve tantos seguidores como as anteriores, ainda que tenha sido sustentada pelo prestígio de DEMOLOMBE.[35] Para esta teoria, se o marido exerce adequadamente o poder marital, está legalmente obrigado à vigilância da conduta de sua esposa, e, portanto, o filho que ela der à luz deve ser-lhe atribuído.

- Teoria da "admissão antecipada" do filho pelo marido. Reagindo contra as teorias tradicionais que fazem repousar a presunção de paternidade do marido na fidelidade e na coabitação ou na autoridade marital, Ambroise Colin, no princípio do século, sustentou que, sendo a paternidade um fato impossível de demonstrar *positivamente*, a atribuição do filho repousa numa admis-

---

[34] PLANIOL, Marcel; RIPERT, Georges. *Op. cit.* p. 207.

[35] CARBONIER, Jean. *Derecho Civil.* Tr. M.M. Zorrilla Ruiz, Barcelona, Bosch, 1961, p. 263.

são que faz o marido, por antecipação, dos filhos que sua esposa der à luz sucessivamente. Parte do matrimônio como ato voluntário, e desse ato deduz que o marido confessa, quer dizer recebe, admite, antecipadamente, em sua família legítima, os filhos que sua mulher traga ao mundo depois, pelo menos quando essa procriação não tenha lugar em certas circunstâncias anormais, determinadas pela lei e que oportunizam a impugnação.[36]

- **Teoria Conceitualista ou Formalista.** Considera a presunção de paternidade como uma resultante do título de estado. Entre os que cultuam o conceitualismo - a célebre *Begriffjurisprudenz* - a presunção de paternidade não se deve buscar em circunstâncias de fato, reais ou presumidas. A presunção, na realidade, não é senão uma resultante do título de estado constituído pela ata de nascimento do filho em que consta o fato do nascimento e a maternidade.

Mas, legalmente, a essa realidade se integra a presunção de paternidade do marido.

Outros autores, que não se satisfazem com os fundamentos das teorias anteriormente expostas, como Puig Brutau, afirmam que a presunção *"pater is EST"* representa a primazia do social sobre o biológico em direito, primazia esta justificada hoje pela constelação de fins que a família legítima satisfaz: a idéia patrimonial, a idéia do respeito às decisões privadas, aspectos econômicos e de higiene social, efeito estabilizador de reservas íntimas de responsabilidade; tudo isso, concluiu o citado autor, basta para fundamentar semelhante princípio de um modo independente.[37]

O fundamento real deste direito exclusivo do marido de impugnar a paternidade presuntiva, segundo Guilherme de Oliveira, residia, claramente, no papel

---

[36] BOSSERT, Gustavo; ZANNONI, Eduardo. *Op. cit.* p. 38.

[37] PUIG BRUTAU, José. *Fundamentos de derecho civil*. Barcelona, Bosch, 1967, T. IV, vol. II, pp. 10-1.

Investigação de Paternidade
POSSE DE ESTADO DE FILHO

desempenhado por ele, de chefe de família e, nesta condição, decidia livremente se aceitava o filho adulterino em casa ou se, pelo contrário, expunha o adultério da mulher. E, *"mesmo nos casos, excepcionais e graves, em que admitia a discussão sobre a paternidade dentro do casamento, o modelo latino guardava, tanto quanto podia, a instituição familiar na sua forma patriarcal de organização".*[38]

Portanto, a filiação que provém do casamento é considerada como procriação decorrente da coabitação da mulher e do homem que se acham ligados por justas núpcias. Há pois, uma presunção de paternidade coletiva dos unidos dentro do casamento. Por isso que a presunção pater is est cumpre papel relevante no estabelecimento da paternidade de filho havido dentro do casamento. Como decorrência lógica, a lei considera o marido da mulher casada, pai dos filhos por esta gerados.

3.2. Função e natureza da presunção

Assim, a função desta presunção é determinar a paternidade pelo simples fato do nascimento. A intenção do legislador é preservar ao máximo a família como a estrutura básica e ética da sociedade, evitando pretensões que fossem antes sustentadas por ambições do que por interesse moral. Tanto que atribui, privativamente, ao marido, o direito de contestar a legitimidade dos filhos de sua mulher (art. 344) e, restringindo-lhe os motivos ao máximo, a saber: *achar-se fisicamente impossibilitado de coabitar com a mulher no período legal da concepção, ou dela estar separado legalmente a esse tempo (art. 340),* sem esquecer o curto prazo decadencial para a ação de contestação de legitimidade (art. 178, §§ 3º e 4º, nº I).

---

[38] OLIVEIRA, Guilherme. *Op. cit.*, p. 61.

As presunções *juris et de jure* são absolutas, vêm estabelecidas na lei como verdades incontestáveis, não se admitindo prova em contrário; portanto, são inarredáveis. No sentido técnico-jurídico, leciona Sérgio Carlos Covello, tais proposições nem são, realmente, presunções, ou seja, um juízo de probabilidade, mas preceitos cogentes, imperativos; em suma, normas positivas de direito.[39] As presunções *juris tantum* são relativas, vencíveis, revertendo o ônus da prova no litígio. Assim, o fato é considerado verdadeiro pelo legislador, admitindo, porém, prova em contrário no caso específico. Além das presunções legais, os autores ainda tratam de presunções *hominis*, como sendo as enunciadas pelo juiz, daí serem assim chamadas (humanas) e conhecidas, também como presunções comuns ou judiciais.

A doutrina, em geral, repete o que estatui o art. 1.349 do Código Civil francês: *"Les présomptions sont des conséquences que la loi ou le magistrat tire d'un fait connu à um fait inconnu".* (*"As presunções são conseqüências que a lei ou o magistrado deduz de um fato conhecido para um desconhecido"*). E, o Código Civil português, art. 349, dispõe: *"Presunções são as ilações que a lei ou o julgador tira de uma facto conhecido para firmar um facto desconhecido".*

Ensina Planiol, que se "chama presunção a conseqüência que deriva de um fato conhecido a outro desconhecido: o fato conhecido é o estado de matrimônio em que tem vivido a mãe; a paternidade, o fato desconhecido. E, pergunta: Quem é o pai do filho daquela? A lei presume que é seu marido. A mãe pode ser uma esposa infiel; mas a lei deve considerar como regra os fatos ordinários, e não os excepcionais.[40] O legislador parte de

---

[39] COVELLO, Sérgio Carlos. *A Presunção em Matéria Civil*, 1983, p. 60.

[40] PLANIOL, Marcel; RIPERT, Georges. *Ob. cit.*, p. 206-7. Afirma que *"devido a esta presunção de paternidade estabelecida pela lei contra o marido da mãe, o filho está dispensado de realizar uma prova direta de sua filiação. Disto resulta que quando o filho tem prova a filiação materna ou quando esta não se discute, se tem como demonstrar ao mesmo tempo a paterna. Não necessita investigar quem é o marido da mãe".* Ainda dá exemplos de atuação da presunção *pater is est* em diversas hipóteses, em que a posse de estado de filho pode operar para

um fato conhecido (nascimento de um filho de mãe casada), para determinação de um fato desconhecido (quem é o pai), recorrendo para um juízo de normalidade (probabilidade) que lhe permite chegar, sem necessidade de averiguação casuísta, a um resultado verdadeiro (conforme a realidade das coisas: o pai é o marido da mãe).[41]

---

resolver os conflitos. Exemplos: *"Caso em que a presunção se aplica de uma vez a dois maridos: Resulta possível que, legalmente, um menor tenha dois pais. Suponhamos que uma mulher, apesar da proibição da lei, contraia matrimônio imediatamente depois de sua viuvez. Se esta mulher der à luz depois de seu segundo matrimônio, antes dos 300 dias posteriores a dissolução do primeiro, a presunção de paternidade recairá de uma vez sobre os dois maridos sucessivos. A maioria dos autores confiam então aos tribunais a missão de decidir qual dos dois é o pai. Não existe meio algum de resolver a dificuldade, pois as presunções se neutralizam. Igual problema surge em caso de bigamia da mãe, quando o segundo matrimônio é putativo". "Filho concebido depois da dissolução do matrimônio. Quando nasce o filho depois de 300 dias da dissolução do matrimônio de sua mãe, não se considera legalmente filho do marido daquela. Não está pela presunção Pater is EST ... Conseqüentemente, toda pessoa interessada pode discutir a condição de legítimo se assim o pretende, ou se de fato goza deste." "Filho nascido antes do matrimônio e nascido durante este. Racionalmente, a presunção legal de paternidade somente deveria pesar sobre o marido quando o filho nasça depois dos 179 dias da celebração do matrimônio. Entretanto, o art. 314, supõe que este filho se beneficia com a presunção legal, posto que obriga o marido a exercer contra aquele ação de desconhecimento (no direito brasileiro, contestação de paternidade), se pretende não ser seu pai. Assim, à falta de seu desconhecimento regular, este filho é atribuído ao marido. Trata-se de uma notável extensão da presunção consagrada no art. 312, pois esta artigo nada mais fala do filho concebido durante o matrimônio: o filho a que se refere o art. 314, foi concebido antes e tinha nascido durante o matrimônio. Combinando os artigos 312 e 314, deve dizer-se que a regra Pater is EST..., se aplica tanto aos filhos concebidos, como aos nascidos durante o matrimônio. A tendência da lei, no que se refere a este últimos, se justifica por uma consideração decisiva. Normalmente, quando se celebra um matrimônio, estando a mulher encinta, não ignora o marido este fato; consente em casar-se com ela, devendo isto a que ele é o pai do filho; o matrimônio, em tal caso, é um meio de regularizar as relações ilícitas. Por outra parte, a lei reserva ao marido todas as facilidades possíveis para declinar essa inesperada paternidade se tinha sido surpreendido por ela (art. 1440)." "Filhos adulterinos. A presunção Pater is EST continua aplicando-se aos filhos nascidos 330 dias da resolução do presidente do tribunal, que autoriza, no caso de processo de divórcio, a residência separada dos cônjuges, o que comprova a não conciliação; com efeito, os filhos nascidos nestas condições devem ser desconhecidos pelo marido. Mas os filhos adulterinos podem ser legitimados, em caso de novo matrimônio de sua mãe com o cúmplice do adultério, embora não tenham sido desconhecidos (art. 331). Do anterior, deve concluir-se que, em tal caso, a presunção de paternidade do primeiro marido cessa sua atuação."*

[41] FACHIN (*op. cit.*, p. 36), citando o professor PEREIRA COELHO.

Para Barbosa Moreira, a função prática exercida pela presunção legal relativa (*juris tantum*) está em sua atuação na distribuição do ônus da prova e nisso se exaure o papel que desempenha: dispensa-se do ônus da prova o litigante a quem interessa a admissão do fato presumido como verdadeiro e, correlativamente, atribuindo-o a outra parte, quanto ao fato contrário.[42] Observa Pontes de Miranda que, entre as presunções simples e as absolutas, há categoria intermédia, em que a lei permite a prova em contrário em *casos determinados, restritos*, propondo o autor que, para se evitar confusões, é que devemos chamá-las presunções *juris vel juris tantum*, limitadas ou mistas.[43]

Dessa forma, é de se perguntar, em face do rigorismo do sistema, se a presunção da legitimidade do filho, havido na constância do casamento pela mulher, é absoluta ou não? Embora a doutrina discuta a natureza da presunção, Fachin esclarece que, se aceitar seu caráter misto, vislumbra-se um duplo aspecto: de um lado, uma presunção fundamentada em efeitos pessoais da relação matrimonial (a coabitação e a fidelidade da mulher), como conseqüência legal do casamento, uma norma organizadora da família. Afirma, entretanto, que não se trata de presunção absoluta. Razão pela qual é possível enquadrar-se a presunção *pater is est* como presunção *iuris tantum*; logo, pode ser afastada.[44]

Há autores que entendem ser de natureza mista. Tendo algo de absoluta, sem ser absoluta. Tendo mais de relativa, por admitir prova em contrário, em que pese as condições de excepcionalidade que elegeu para permitir seu afastamento.[45]

---

[42] MOREIRA, José Carlos Barbosa. *Temas de Direito Processual*, 1ª série, 2. ed., São Paulo, Saraiva, 1988, p. 60.

[43] MIRANDA, Pontes de. *Tratado*, cit. T. IX, § 957, p. 49.

[44] FACHIN, Luis Edson. *Estabelecimento da filiação e da paternidade presumida*. Sérgio A. Fabris Editor. Porto Alegre. 1992, p. 35.

[45] MOURA, Mário Aguiar, *op. cit.*, p. 35.

3.3. Presunção no sentido técnico e ideológico

Ao nosso ver, outro ponto da maior relevância levantado pelo professor Fachin é o sentido técnico e/ou sentido ideológico apresentado pela presunção *pater is est*. No sentido técnico, aparecer dentro do processo, protegendo a filiação ao criar o ônus da prova a quem pretenda contestar a paternidade. E, no sentido ideológico, a presunção protege a criança que, nascida de mulher casada, vê-se protegida pela instituição do casamento que lhe dá, como conseqüência direta e natural, um pai.

Entretanto, se o conceito jurídico de paternidade, de um lado, se propõe a conferir estabilidade às relações matrimoniais impostas pela sociedade, de outro, esta certeza jurídica pode estar centrada numa paternidade falsa. Isso decorre, como vimos, do modelo matrimonializado de família presente no sistema do CC brasileiro.[46] Verdade é que a paternidade presumida do marido da mãe é cada vez mais discutível em juízo.[47] Não só porque a verdade biológica se impõe em face dos progressos da ciência, mas também porque a paternidade socioafetiva, demonstrada pela expressão *posse de es-*

---

[46] FACHIN, Luis Edson. *A tríplice paternidade dos filhos imaginários*. Repertório de Jurisprudência e doutrina sobre DIREITO DE FAMÍLIA. v. 2, p. 172. Nessa perspectiva, a paz familiar importava mais ao direito do que a verdade. É nessa via que se compreende ter aquele sistema que informou o CC brasileiro cercado de limitações à impugnação da presunção *pater is est*, uma vez que primou pela defesa do que entendeu o legislador exigirem a "honra, a ordem social e a dignidade mesma do casamento", citando Pontes de Miranda.

[47] OLIVEIRA, Guilherme de. *In Boletim da Faculdade de Direito*, Universidade de Coimbra, v. LI, p. No domínio da filiação natural, por seu turno, o abandono progressivo das ações de investigação, a consideração da maternidade como um fato natural cujo reconhecimento jurídico não requer uma atitude de vontade da mãe e, em casos excepcionais como da legislação portuguesa, a organização de um procedimento oficioso de averiguação de vínculos de filiação, constituem manifestações suficientes das aspirações da verdade, do princípio da verdade biológica na fixação dos estados de filho.

tado de filho, passa a ser uma realidade capaz de ser construída todos os dias na relação paterno-filial.[48]

Ao estudar a matéria, esclarece Guilherme Oliveira que:

"a paternidade presumida do marido da mãe é cada vez mais discutível em juízo, quer pelo alargamento das causas admissíveis de impugnação, quer pelo abandono puro e simples do sistema de impugnação por causas determinadas em favor da prova livre da não paternidade. A maior parte dos países aceita, livremente, a prova de que um filho nascido de mãe casada não é também do marido, cabendo antes a um terceiro a responsabilidade pela sua concepção, prova esta que denuncia o adultério da mulher, uma quebra do dever de fidelidade que, outrora, se preferia manter num segredo decente e conservador, apesar dos eventuais prejuízos que a situação falsa acarretasse para os membros da família conjugal". [49]

Como se pode depreender dos estudos já realizados pela doutrina acerca do tema, há, concretamente, um questionamento acerca da realidade como fato social - paternidade presumida e paternidade real, efetiva. Daí a importância de adequar-se o ordenamento jurídico a essa nova realidade social. E neste sentido a Constitui-

---

[48] FACHIN, Luis Edson. *A tríplice paternidade dos filhos imaginários*. Repertório de Jurisprudência e doutrina sobre DIREITO DE FAMÍLIA. v. 2, p. 178, afirma que "se o liame biológico que liga um pai a seu filho é um dado, a paternidade pode exigir mais do que apenas laços de sangue. Afirma-se aí a paternidade sócio-afetiva que se capta, juridicamente, na expressão posse de estado de filho. A verdade sociológica da filiação se constrói. Essa dimensão da relação paterno-filial não se explica apenas na descendência genética, que deveria pressupor aquela e serem coincidentes. Apresenta-se, então, a paternidade como aquela que, fruto do nascimento mais emocional e amor que na procriação, citando".

[49] Boletim da Faculdade de Direito, Universidade de Coimbra, v. LI/278-279, 1975, Sobre a verdade e ficção no Direito de Família, citado por Fachin, *in Repertório de Jurisprudência e doutrina sobre Direito de Família - A Tríplice paternidade dos filhos Imaginários*, p. 177.

ção de 1988 redimensinou a noção de família com base em valores que contemplam a paternidade socioafetiva. Nesta perpectiva, cresce de importância a noção de posse de estado de filho, o que será objeto de estudo no próximo capítulo.

4. Posse de estado de filho - importância

Embora a Constituição de 1988 tenha evoluído no sentido de adotar a unidade da filiação, afastando assim qualquer elemento discriminatório sobre sua natureza e origem, o certo é que o sistema codificado ainda não incorporou as principais mudanças havidas nas legislações de outros países, em especial, a Francesa, a Portuguesa e a Belga, no sentido de atualizar o instituto jurídico da filiação.

Se é certo que a presunção *pater is est*, existente em nosso sistema, estabelece uma verdade jurídica, de caráter quase absoluto, não podemos ignorar as conquistas da ciência que alcançou posição de destaque, ao poder determinar com segurança, a autoria genética da descendência, identificando aí a verdade biológica.

Ocorre, que ao par destas duas verdades, a paternidade passou a ser vista como uma relação psicoafetiva, existente na convivência duradoura e presente no ambiente social, capaz de assegurar ao filho não só um nome de família, mas sobretudo afeto, amor, dedicação e abrigo assistencial reveladores de uma convivência paterno-filial, que, por si só, é capaz de justificar e identificar a verdadeira paternidade. Na verdade, é preciso que se diga que a paternidade socioafetiva é única garantidora da estabilidade social, pois um filho reconhecido como tal, no relacionamento diário e afetuoso, certamente, formará uma base emocional capaz de lhe assegurar

Investigação de Paternidade
POSSE DE ESTADO DE FILHO

um pleno e diferenciado desenvolvimento como ser humano. Além disso, ter um filho e reconhecer sua paternidade deve ser, antes de uma obrigação legal, uma demonstração de afeto e dedicação, que decorre mais de amar e servir do que responder pela herança genética.[50] Por essa razão, cresceu de importância a noção de "posse de estado de filho", que revela a constância social da relação paterno-filial, caracterizando uma paternidade que existe, não pelo simples fator biológico ou por força de presunção legal, mas em decorrência de elementos que somente estão presentes, fruto de uma convivência afetiva. Cresce pois, a relevância da noção de posse de estado de filho em todas as legislações modernas, o que demonstra a inviabilidade de uma absorção total, pelo princípio da verdade biológica.[51] A própria modificação na concepção jurídica de família conduz, necessariamente, a uma alteração na ordem jurídica da filiação, em que a paternidade socioafetiva deverá ocupar posição de destaque, sobretudo para solução de conflitos de paternidade.

É a posse de estado, a expressão forte e real do parentesco psicológico, a caracterizar a filiação afetiva. Aliás, não há modo mais expressivo de reconhecimento do que um pai tratar o seu filho como tal, publicamente, dando-lhe proteção e afeto, e sendo o filho assim reputa-

---

[50] LEITE, Eduardo de Oliveira. *Temas de direito de família*, São Paulo, Revista dos Tribunais, p. 120.

[51] OLIVEIRA, Guilherme de. *In Boletim da Faculdade de Direito*, Universidade de Coimbra, v. LI, p. 282. Afirma que "a mais ingênua idéia de probabilidade mostra que a *filiação biológica se exprime normalmente através de uma posse de estado de filho* e que, assim, esta assume o caráter de índice da consangüinidade. Pode acontecer, todavia, que as manifestações empíricas de filiação não correspondam a um real vínculo biológico ou que, pelo menos, se suspeite disso; em alguns dados oferecidos pelo direito francês e, no âmbito de uma tendência doutrinal e legislativa, *o direito positivo garante a continuidade da posse e sacrifica a verdade biológica* ou, mais rigorosamente, proíbe qualquer pesquisa sobre ela. Pai é o que dá a vida e a lei curva-se perante esta evidência, apoiando-se nos progressos da Biologia; mais o pai é também aquele que paga os 'biberons', disse um dramaturgo francês e, felizmente, o Direito conhece esta outra verdade." (grifou-se).

do pelos que, com ele, convivem. E pode-se afirmar que a desbiologização da paternidade tem, na posse de estado de filho, sua aplicação mais evidente.

O instituto jurídico da posse de estado de filho é adotado pelos principais sistemas jurídicos europeus, inclusive o belga, reformado em 1987, como se verá mais adiante. Só para se ter uma idéia de sua importância, na França, após a alteração realizada pela Lei n° 82-536, de 25.6.82, ao art. 334-8, do *Code Civil*, a posse de estado de filho não é mais um simples meio de prova para sustentar a declaração da paternidade, constituindo, na verdade, um modo autônomo, independente de estabelecimento da filiação, atendendo a antiga proposta de Demolombe. Constata-se esta realidade na simples leitura do art. 334-8 do Código Civil Francês, que dispõe: *"La filiation naturelle est légalemente établie par reconnaissance volontaire. La filiation naturelle peut aussi se trouver légalement établie par la possession d'état ou par l'effet d'un jugement"*. (*"a filiação natural é legalmente estabelecida pelo reconhecimento voluntário. A filiação natural pode também se achar legalmente estabelecida pela posse de estado ou por efeito de um julgamento"*). Claro está que o legislador francês hierarquizou, na posse de estado, a importância da filiação vivida e desejada, fundamento da paternidade socioafetiva.

Igualmente, digno de nota é o já revogado art. 325 do Código Civil argentino, em que Veléz Sarsfiel prescreve:

"La posesión de estado es asi por su naturaleza una prueba má perentoria que la escritura pública, que los actos auténticos, es la evidencia misma; es la prueba viva y animada; la prueba que se ve, que se toca, que marcha, que habla; la prueba de carne y hueso, como decia una Corte francesa".

Infelizmente, o sistema jurídico pátrio não contempla, de modo expresso, a noção de "posse de estado de filho", seja como elemento probatório ou fonte de pre-

Investigação de Paternidade
POSSE DE ESTADO DE FILHO

55

tensão. O art. 349 do Código Civil dispõe que a filiação legítima poderá provar-se por qualquer modo admissível em direito, desde que esteja subordinado à existência de: I - começo de prova por escrito, proveniente dos pais, conjunta ou separadamente; II - veementes presunções resultantes de fatos já certos.

O que nos interessa para o presente trabalho é a hipótese prevista no inciso II, identificando um fato certo, ou seja, conhecido, como condição para estabelecer a paternidade. Desses fatos, o mais importante é, sem dúvida, a *"posse de estado de filho"*, que a doutrina tem procurado considerar implicitamente integrado ao sistema jurídico por este dispositivo.

5. Posse de estado - conceito e elementos caracterizadores

É mister, antes de tratarmos propriamente da "posse de estado de filho", que seja examinado o conceito de *estado da pessoa*. Isso se justifica porque todo indivíduo é, segundo Planiol, titular de um complexo de qualidades que lhe são particulares e que integram a sua personalidade, dando nascimento a uma situação jurídica. Assim, o estado da pessoa, no dizer de Gluck, é "*a qualidade que adere, imediatamente, ao sujeito e que a ela não é pertinente em razão de ser titular de um direito subjetivo*".[52] São, pois, atributos que fixam a condição do indivíduo na sociedade, e se por uma lado constituem fonte de direitos e de obrigações, por outro lado fornece as características personativas, pelos quais se identifica a pessoa, ou seja, é o retrato que a sociedade faz do indivíduo.

Assim, se chama *estado* de uma pessoa a:

"Determinadas qualidades que a lei toma em consideração para atribuir-lhes certos efeitos jurídicos. Designar o estado de uma pessoa é qualificá-la e rigorosamente a toda qualidade que produza efeitos de direito pode dar-se o nome de estado. O direito reserva este nome às qualidades inerentes a pessoa, com exclusão dos qualificativos que lhe correspondam em razão de suas ocupações".[53]

---

[52] PLANIOL, RIPERT. *In Derecho Civil.* 3. ed., México, 1996. p. 71.

[53] PLANIOL, RIPERT, op. cit., p. 72. "No basta determinar el estado de una persona, es preciso buscar cuáles son las consequencias de ese estado, pues

Para o estudo da filiação, interessa-nos o *status* de filho, que pode ser revelado pela posse de estado. Entende-se *estado* de uma pessoa como sendo: "a posição jurídica da qual deriva um conjunto de direitos e obrigações. Todo o indivíduo tem direito a determinado estado, que não se identifica a qualquer relação jurídica, embora nas diversas posições jurídicas em que pode encontrar-se trave relações jurídicas com outras pessoas."[54]

5.1. Conceito de posse de estado na questão da filiação e sua presença no ordenamento jurídico pátrio

Para o estado civil é relevante o estado de família e, de modo especial, o estado de *filiação*, que pode decorrer de um *fato*, como nascimento, ou de um ato jurídico, como a adoção. Segundo Laurent, o "*estado consiste nas relações que a natureza e a lei civil estabelecem, independentemente da vontade das partes, entre um indivíduo e aqueles de quem recebe o nascimento.*"[55]

O estado de filho é irrenunciável e imprescritível, não admitindo transação. Seus atributos são pessoais e,

---

solamente en razón de los efectos jurídicos que produce, surge la importancia de conocer el estado de las personas. El derecho sirve para determinar el número y naturaleza de los derechos y obligaciones de la persona: en consideración de su estado, la ley le concede o niega un derecho. El estado de la persona sirve también para determinar su *aptitude* para ejercitar por sí misma sus derechos o cumplir sus obligaciones. En resumen, la cuéstion de saber si una persona posee o no un estado determinado, interesa unas veces a la existencia misma del derecho o de la obligación, y otras a un simple ejercicio. No se debe creerse, que el estado jurídico de una persona sea *la fuente única de sus derechos y obligaciones*. Adem de los que se derevan de su estado, toda persona tiene también muchos derechos y obligaciones, cuya fuente es diferente y que se derevan de los contratos y delitos, y de las formas intermedias llamadas cuasicontratos y cuasidelitos.

[54] GOMES, Orlando. *op. cit.*, p. 193.

[55] Laurent. *Principes de droit civil français*, vol. III, n. 426, p. 536, citado por Caio Mário da Silva Pereira, *op. cit.*, p. 156.

por isso, integram o direito da personalidade. É imprescritível porque a ação de investigação de paternidade pode ser movida contra o pai ou seus herdeiros em qualquer tempo, porque, em qualquer momento, pode o filho reclamar um estado a que tem direito. Por outro lado, afasta a transação porque em torno das ações declaratórias de estado é impossível, porque se trata de matéria exclusiva de direito público. O pai poderá reconhecer a filiação, mas se a ação for proposta contra os herdeiros do pretenso pai, não é possível que reconheçam o autor, nem confessem a paternidade alheia. Embora seja possível ao autor desistir da demanda, não poderá renunciar ao estado.

Não se pode esquecer, ainda, de que o estado do filho fora do casamento tem sua prova na certidão do assento de nascimento, após averbação da respectiva sentença declaratória ou do ato espontâneo de reconhecimento. De qualquer sorte, o estado é indivisível, e uma vez declarada a filiação por sentença, o filho adquire o estado de filiação jurídica, *erga omnes*, que é sua classificação social e que, simultaneamente, integra sua personalidade, constitui sua condição na sociedade. Outra conseqüência natural da declaração de estado é o nome, que, como diz Savatier, é a expressão vocal do estado, participa de sua natureza pessoal e patrimonial.

Possuir um *estado* é ter de fato o título correspondente, desfrutar das vantagens a ele ligadas e suportar seus encargos.[56] Ensina Planiol que o *"estado das pessoas é suscetível de posse, tomando esta palavra em seu sentido habitual. A posse de qualquer estado consiste em parecer frente aos olhos do público como possuí-lo realmente".*[57]

Pode também consistir a "posse de estado", ao se tratar de questão de filiação, em uma série de atos de

---

[56] GOMES, Orlando. *Direito de família.* 3.ed., Rio de Janeiro, Forense, 1978, p. 31.

[57] PLANIOL, RIPERT, *op. cit.*, p. 75.

família que demonstram, de forma clara, a existência de vínculo natural de filiação entre o filho, o pai ou a mãe. É necessário ainda que estes hajam dispensado àquele o trato de filho, concedendo-lhe o gozo de direitos e exercício de deveres.[58] Carvalho Santos define a "posse de estado de filho" como um conjunto de fatos que estabelecem, por presunção, o reconhecimento da filiação do filho pela família a qual pretende pertencer.[59] No mesmo sentido,[60] Orlando Gomes informa que a "posse de estado de filho" constitui-se por um conjunto de circunstâncias capazes de exteriorizar a condição de filho legítimo do casal que o cria e educa. Entendemos que posse de estado de filho é uma relação afetiva, íntima e duradoura, caracterizada pela reputação frente a terceiros como se filho fosse, e pelo tratamento existente na relação paterno-filial, em que há o chamamento de filho e a aceitação do chamamento de pai.

A professora Maria Josefa Mendez Costa afirma que a maioria dos autores reproduz o conceito de Planiol-Ripert: *"Possuir um estado é gozar de fato do título e das vantagens anexas ao mesmo e suportar os deveres"*. Este conceito foi renovado por Marty e Raynaud: *"é o fato de comportar-se e de ser tratado como se estivesse provido de um estado"*. Para Salvat, *"praticamente a posse de estado se exterioriza em exercício dos direitos e no cumprimento das obrigações que ele comporta"*; para Llambías, *"a posse de estado supõe ao possuidor o gozo de fato das vantagens anexas ao mesmo, suportando igualmente os deveres inerentes a esta situação"*. Mazzinghi, exemplificando com a posse de estado de filho extramatrimonial, diz que *"exercerá a posse de estado, como sujeito ativo e passivo dos direitos e obrigações que constituem o estado filial"*. Belluscio afirma, por sua parte, que *"há posse de estado filial quando o pai e o*

---

[58] OPORTO, Luis Gareca. *Direito Familiar*, p. 245.

[59] SANTOS, Carvalho. *Código Civil Comentado*, p. 381.

[60] GOMES, Orlando. *Direito de Família*, p. 31.

filho se tratam como tais".[61] Ainda, Ferrer explica que *"consiste no exercício dos direitos e no cumprimento dos deveres próprios de uma determinada posição familiar"*.[62]

É importante ressaltar em todos estes conceitos que o estado não consiste somente em gozar dos benefícios do mesmo, senão também em cumprir os deveres jurídicos que ele comporta. Escreve RÉBORA, que *"a posse e o estado são inseparáveis, pois se possuem simultaneamente o estado de pai e o estado de filho"*.[63]

Não se pode esquecer, ainda, que a posse de estado se constitui na base sociológica da filiação, necessitando somente que o nosso ordenamento a eleve da categoria apenas probatória para um carácter jurídico, como já fizeram as legislações mais modernas, possibilitanto que, por si só, em casos de conflitos de paternidade, possa figurar como elemento constitutivo da filiação.

A evolução do instituto da posse de estado de filho no direito brasileiro teve em Arnoldo Medeiros da Fonseca um de seus defensores, afirmando que, infelizmente, nosso direito não incluiu no art. 363 do Código civil a posse de estado ao lado dos outros casos em que a declaração de paternidade é, especialmente, admitida. Todavia, sustenta que isso não significa que se negue qualquer valor à *posse de estado,*

> "pois os fatos que a caracterizam têm tanta significação que, aliados, por exemplo, à prova de relações sexuais, quando a ação tiver tal fundamento, ou a outros fatos nos quais pode o pleito basear-se, criarão, em favor do investigante, uma situação jurídica de irrecusável importância, de vez que pela sua conduta, foi o suposto pai o primeiro a conside-

---

[61] COSTA, Maria Josefa Mendez. *La Filiación.* p. 291.

[62] FERRER, Francisco A. M. *Introducción al derecho de Família,* p. 29.

[63] RÉBORA, Juan Carlos. *Instituciones de la Familia,* Buenos Aires, 1947, T. IV, p. 128. "Se posee simultáneamente el estado de pai e o de filho".

rá-lo seu filho, reconhecendo, implicitamente, a fidelidade da mulher na época da concepção".[64]

Esta manifestação, embora encare a posse de estado apenas como valioso adminículo de prova, começa a descortinar a hoje chamada paternidade afetiva. Igualmente, no projeto primitivo, concluído em outubro de 1899, Clóvis Beviláqua defendeu este instituto, ao sustentar que os filhos legítimos têm ação para pedir de seus pais que os reconheçam, apontando os casos em que a investigação de paternidade era admissível: a posse de estado de filho; concubinato; o estupro ou rapto coincidindo com a época da concepção; a existência de um escrito emanado do pretenso pai, reconhecendo, expressamente, sua paternidade. Já, naquela época, afirmou o insigne mestre que o reconhecimento dos filhos ilegítimos "de qualquer espécie" e a investigação de paternidade, com as necessárias cautelas, eram "conquistas da ética e do altruísmo".[65] Infelizmente, este posicionamento foi considerado liberal demais para a época, que se preocupava em dar total proteção à união matrimonializada.

5.2. Elementos caracterizadores

Os elementos que caracterizam e constituem a posse de estado são, tradicionalmente, indicados pela dou-

---

[64] FONSECA, Arnoldo Medeiros da. *Investigação de Paternidade*, 3. ed., 1958. Ns. 186 e 187, p. 229.

[65] BEVILÁQUA, Clóvis. *op. cit.*, p. 70. O ilustre autor do Projeto de Código Civil, nascido em viçosa, Ceará, em 04.10.1859, era filho de um sacerdote católico, o padre José Beviláqua, que vivia em concubinato com a mãe do emerito civilista, d. Martiniana Maria de Jesus, observando Sílvio Meira, o maior biógrafo de Clóvis, que era habitual naquele tempo, nos sertões do Brasil, os sacerdotes criarem e educarem ostensivamente seus filhos, e a moral da época isso permitia, lembrando que numerosos filhos de padres ilustram a história brasileira: José do Patrocínio, Nilo Peçanha, Teodoro Sampaio, José de Alencar (cf. Sílvio Meira, *Clóvis Beviláqua - Sua vida, sua obra*, p. 32).

trina, como sendo *o nome, trato e fama.* Assim, deve o indivíduo ter sempre usado o *nome* do pai ao qual ele identifica como tal; que o pai o tenha *tratado* como seu filho e tenha contribuído, nesta qualidade, para a sua formação como ser humano; que tenha sido, constantemente, reconhecido como tal na sociedade e pelo presumido pai. Aqui a *fama* representa a exteriorização do "estado", em que terceiros consideram o indivíduo como filho de determinada pessoa, ou seja, mostra que ele é conhecido como tal pelo público.

Mas, no exame de seus elementos caracterizadores, é preciso distinguir que a intensidade com que irá revelar-se a "posse de estado de filho" pode variar de acordo com eventuais impedimentos que possa ter o pai em identificar, publicamente, esta situação. É evidente que, para os cônjuges, sem impedimentos de ordem legal ou ético-moral, é fácil demonstrar, ou, até mesmo invocar abertamente a posse de estado para justificar a filiação, ainda não regularizada ou cujo assento perdeu-se ou é insuficiente. Por outro lado, quando se tratar de filiação ilegítima e ainda, mais especificamente, de adulterina, é possível que a "posse de estado de filho" não seja menos intensa embora tenha que ter sido sufocada por longo período.

Entretanto, a doutrina reconhece em sua maioria que, o fato de o filho nunca ter usado o patronímico do pai, não enfraquece a "posse de estado de filho" se concorrem os demais elementos - *trato* e *fama* - a confirmarem a verdadeira paternidade. Na verdade, esses dois elementos são os que possuem densidade suficiente capaz de informar e caracterizar a posse de estado.

Ensina Orlando Gomes que a *aparência* de legitimidade deve ser sustentada por uma "posse de estado" constante, a revelar um reconhecimento contínuo, perseverante, quotidiano, público e notório da filiação. La-

Investigação de Paternidade
POSSE DE ESTADO DE FILHO

menta, entretanto, que nenhuma referência direta a ela se encontre no direito pátrio.[66]

A professora Martine Rèmond, ao analisar os elementos constitutivos da posse de estado, questiona se entre eles há uma hierarquia. Segundo ela, dos três elementos constitutivos, o *tractatus* tem um lugar especial, pois a manifestação da vontade dos interessados é uma confissão implícita do estado. Este *tractatus*, pois, é dotado de uma força particular. Mas, mesmo assim ele tem uma importância relativa, uma vez que o *tractatus é condição da "Fama" (mas a fama evolui conforme o gosto do público).* Por conseguinte, é melhor não tentar estabelecer uma hierarquia entre os elementos da posse de estado.[67]

Citando Josserand (*Cours de Droit Civil*, t. 1, nº 889), afirma que essa trilogia, ou seja, os três elementos clássicos da Posse de Estado, não tem nada de fatídico nem necessário. Em 1972, pela adição de um índice (a atitude da autoridade pública), o legislador não quis acrescentar mais uma condição para o estabelecimento da posse de estado.[68]

Assim, por esse traço, a instituição se diferencia da teoria da aparência: - se *a aparência se limita à impressão produzida sobre o público, a Posse de Estado tenta perceber o comportamento dos interessados,* que traduz sua convicção. Logo, a teoria da aparência depende da duração do estado considerado (carácter fugitivo), enquanto a Posse de Estado é inseparável da duração (só existe com um espaço de tempo já passado).

---

[66] GOMES, Orlando. *Direito de Família*, p. 261. Afirma que é necessário que seja constante e simultânea, devendo o interessado, prova que sempre foi tratado como filho legítimo, não tendo esse tratamento sido contraditado por fato algum. Por se tratar de filho que quer provar a condição de legítimo, deve demonstrar que assim o reconhecia o casal, sem o que desapareceria a aparência da legitimidade, comprovada apenas a filiação.

[67] MARTINE RÈMOND. *In Revue Trimestiell de Droit Civil*, julho de 1975, nº 3, pp. 466-80.

[68] Ibidem, citando JOSSERAND.

Daí a importância da Duração, pois a posse de estado revela *uma situação que só pode existir com o tempo* (repetição de índices diários). O fator *"tempo" condiciona, ao mesmo tempo, a existência e a força da Posse de Estado.* Portanto, mais que todos os outros elementos, a *duração é característica da Posse de Estado,* ou *seja, a condição de existência da Posse de Estado.*

O legislador português, nos termos da letra *a*, nº 1, do art. 1.871, do Código Civil, expressamente, identifica os elementos constitutivos da posse de estado, a saber: - reputação, como filho, pelo investigado; - tratamento, como filho, pelo investigado; - reputação, como filho, pelo público.

A doutrina de Tomás Oliveira e Silva esclarece que *Reputação e Tratamento,* conceitualmente, são de duas realidades distintas:

"A reputação é a realidade subjetiva: convicção por parte do investigado de que é o pai do investigante. O tratamento é uma realidade objetiva; um conjunto de manifestações, de atos voluntários do pretenso pai, de cariz moral, econômico e social, tendo como destinatário o pretenso filho, em termos que legitimem o juízo de que a sua motivação é, exatamente, aquela convicção da paternidade".[69]

Ao juiz interessa apurar se a convicção do pretenso pai, relativamente à paternidade, lhe é assacada. O tratamento é um elemento necessário ao conceito de "posse de estado", tem uma missão instrumental relativamente àquele. Na verdade, o que o juiz é chamado a fazer consiste no suprimento da manifestação de vonta-

---

[69] OLIVEIRA e SILVA, Tomás. *Filiação - Constituição e Extinção do Respectivo Vínculo.* Almedina, Coimbra, 1989, pp. 188-9. Explica o autor, que "na prática, o que normalmente acontecerá é que os fatos qualificados como 'TRATAMENTO' constituirão, eles próprios, o suporte do juízo de 'REPU-TAÇÃO'. Claro que pode existir 'reputação' sem 'tratamento', ou este sem aquele."

de que o pretenso pai deveria ter tido, perfilhando, e que omitiu.

Mas não basta a firme convicção da paternidade, por parte do pretenso pai. É indispensável que essa convicção seja ratificada pela *opinião pública*; que exista uma convicção generalizada, em certo modo, da paternidade.[70]

5.3. A dupla função da posse de estado

Com o tempo, as ligações se apertam mais e, um dia, o estado se torna incontestável - a consolidação é absoluta, e a ligação é definitivamente adquirida. Além de um certo tempo, *a verdade se apaga em favor de um outro imperativo: a estabilidade*. A *Duração* é condição da força da Posse de Estado. E, para este efeito sobre a importância do tempo, a posse de estado encontra a posse, como uma realidade presente no tempo, que é o verdadeiro dono da existência das coisas.

É necessário que a posse de estado, como avançou a legislação francesa, *se torne um elemento constitutivo da filiação*, pois, assim como a posse leva à propriedade, a

---

[70] OLIVEIRA E SILVA, Tomás. *Filiação - Constituição e extinção do respectivo vínculo*. Almedina. Coimbra. 1989. p. 188. O autor desdobra o requisito da *Reputação pelo público* em três elementos: 1) *convicção da paternidade*: caracterizada pela sua firmeza, o que afasta a mera admissão da possibilidade ou da probalidade da filiação em causa; e a sua motivação, ou seja, a necessidade de filtrar, criticamente, as vias por que se formou a convicção, determinando a sua idoneidade; 2) *Generalidade da convicção*: quer dizer, "sem voz em contrário", com relevância opiniões divergentes que surgem apenas depois da morte do investigado; 3) *Conceito de público*: é um conceito polêmico, podendo apontar-se como alguns dos critérios mais sugestivos adotados os seguintes: - são pessoas da privança ou relações do investigado; - pode ser constituído pelas pessoas que, a dada altura, viviam na pensão onde estavam hospedados o investigado e a mãe do investigante, com os quais conviviam; aqueles que têm conhecimento direto dos fatos de que possa resultar a reputação como filho; o conjunto de pessoas que conhecem o pai, a mãe e o filho, o meio em que vivem e as relações que os aproximam; os mais proximamente relacionados com o investigante e o investigado.

posse de estado deve levar ao Estado identificador da paternidade.

E, mesmo *se hoje a Posse de Estado*, muitas vezes, faz *pressupor o estado*, não podemos explicar que ela mesma se vê dotada de um poder criador . Isso se deve ao fato de que uma criação implica a aparição de uma entidade nova. *Mas entre o Estado e a Posse de Estado não existe nenhuma diferença de natureza que permita falar de criação.* Esta diferença explica também que a Posse precisa uma proteção distinta da propriedade.

Lamentamos o fato de que, na maioria das legislações em que "a posse de estado de filho" foi contemplada expressamente no sistema jurídico, ela aparece limitada a um papel subsidiário. E, nada está a justificar esta limitação, pois a "posse de estado" tem um valor convincente incomparável, apresentando-se maleável, viva, representativa e completa, provando e identificando todos os elementos constitutivos da filiação legítima.

Por isso, não entendemos como sustentáveis as manifestações contrárias a uma hierarquização privilegiada da posse de estado de filho no sistema jurídico, sob a alegação de que é difícil comprová-la. Esta preocupação não pode existir, uma vez que a "posse de estado" tem, justamente, sua importância no estabelecimento da filiação pelo simples mas relevante fato de que ela informa, positivamente, quando presente, facilitando a declaração da paternidade, ou negativamente, quando não existe.[71] Além disso, a "posse de estado" é uma

---

[71] FACHIN, Luis Edson. *Op. cit.*, p. 130-1. A noção de posse de estado de filho opera negativamente ou positivamente. A falta de posse de estado de filho faz com que, pela sua ausência, tal mecanismo opere negativamente diante da presunção de paternidade que diz respeito ao marido da mãe. Ao contrário, se a posse de estado estiver presente em relação ao marido da mãe, o mecanismo pode operar positivamente para o fim de corresponder diretamente aos efeitos próprios da presunção *pater is est*. Salienta, contudo, que "a noção de posse de estado somente tem sentido no âmbito de um sistema preocupado com vínculo de compromisso entre a verdade biológica ou com a verdade socio-afetiva. Por tal razão, ficou fora do sistema codificado.

revelação concreta, resultado da convergência de vários fatores que a caracterizam e cuja estabilidade decorre da duração reveladora de sua existência.

Na França, está prevista a "posse de estado" com função probatória no caso de - Título Inexistente. Assim, no caso de desaparecimento ou inexistência do título, *é papel normal da Posse de Estado substituir-se ao ato destruído ou perdido*. Mas, quase sempre, o título *não existia porque não podia existir*. Neste caso, a *Posse de Estado permite atestar a existência de um Estado bastante claro e digno para ter um valor em direito*, ensina a professora Martine.[72] E, na hipótese de título insuficiente, o título existe, mas é considerado suspeito, ou duvidoso. Nesse caso, deve a "posse de estado" suprir esta insuficiência.

Portanto, numa filiação paternal em que o direito se baseia sobre a clássica presunção *pater is est*, a Posse de Estado tem um papel duplamente subsidiário. Inicialmente, *supre a insuficiência do ato de nascimento*, podendo ainda intervir *quando a presunção destinada a suprir a imperfeição do título, se encontra, ela mesma, enfraquecida*.

Finalmente, mesmo quando o título que prova o Estado é completo, um risco de erro fica sempre. Neste caso, a "posse de estado" será fonte segura de última verificação e, desse modo, torna-se inatacável.

Ainda, não se pode esquecer da *função criadora* da Posse de Estado. Conforme vários autores, o desenvolvimento do papel da "posse de estado", sobretudo na legislação francesa, é acompanhado de uma modificação importante: - a "posse de estado" não é somente *uma prova do estado*, mas também pode ser, às vezes, a condição de sua existência.

O verdadeiro papel da "posse de estado", em matéria da filiação, é examinado por Planiol com profundidade, afirmando que "o significado que a lei atribui ao fato

---

[72] MARTINE RÈMOND. *In Revue Trimestiell de Droit Civil*, julho de 1975, nº 3, p. 466-80.

da posse de estado é absolutamente notável. Quem possui uma casa não prova pela posse de estado que seja proprietário dela; mantém-se na posse enquanto nenhuma pessoa prova que a casa lhe pertence; isso se deve ao fato de a posse ser protegida por si mesma. Mas, nesta matéria, a lei faz algo mais; fundamenta-a numa prova presuncional. A posse, a filiação do filho, posto que substitui a ata de nascimento; para ele vale título e pode obter dela, em seu proveito, todas as conseqüências jurídicas do caráter que pretende ter".[73]

A posse de estado poderá ser analisada como uma condição da *existência do vínculo de filiação*, mas também, classicamente, como um *modo de prova*. No entanto, em qualquer das hipóteses condiciona e informa a filiação.

O que aparece como marco comum das legislações que aperfeiçoaram o sistema de estabelecimento da filiação, dando uma posição diferenciada e ampliada para "posse de estado", não é a função criadora ou supridora desta quando presente, mas sim a conseqüência daí decorrente que é a aceitação da *família sociológica*.

Neste particular, a professora[74] Martine Rémond-Gouilloud informa que o conceito de família sociológica era quase desconhecido no sistema jurídico francês e não se usava facilmente, sendo identificado como uma situação de fatos sem perfil claro - difícil de definir. Sustenta

---

[73] PLANIOL, RIPERT, *op. cit.*, p. 202. Ao analisar a prova derivada da posse de estado, afirma que *"a diferença da ata de nascimento para a posse, é que aquela é uma prova completa da filiação, pois demonstra, de plano, o parto da mãe e a identidade do filho. Quem tem a posse de estado na realidade nada deve provar. A presunção da lei o cobre por completo."* Esclarece que pode existir conflito entre a ata de nascimento e a posse de estado e, neste caso, *não se toma em consideração a posse de estado*. Dá-se fé ao título, pelo menos provisoriamente, enquanto o filho ou os terceiros não apresentem prova em contrário. A posse só produz efeitos úteis quando seja conforme com a ata de nascimento, a que converte é inatacável, ou que não haja ata de nascimento, em cujo caso dispensa o filho de qualquer espécie de prova. É isto que devemos deduzir do art. 320, que diz: *"Na Falta de título, basta ... a posse de estado."*

[74] RÉMOND-GOUILLOUD, Martine, "La possession d'état d'enfant". *Revista Trimestral de Direito Civil*, jul/set 1975, n° 3.197. , pp. 460-80.

que é por isso que a posse de estado sozinha pode justificar as manifestações desse conceito. Mais, dotou a filiação de dupla face por originar-se de dois tipos de vínculos, sendo um de sangue, estabelecido por um título, e outro, afetivo, estabelecido pela "posse de estado".

É inegável, de qualquer sorte, constituir-se a "posse de estado" num valioso, seguro e, por isso, indispensável instrumento para resolver conflitos de filiação. Fora isso, não se pode deixar de reconhecer que a chamada família sociológica é a que, efetivamente, retrata a realidade, respaldando, com segurança, uma declaração de filiação. Lamenta-se, entretanto, que o legislador brasileiro não contemple, expressamente, a posse de estado como suporte fático para constituir a filiação, quando a inexistência ou insuficiência de título se fazem presentes.

Mas caberá ao aplicador do direito acolher esta realidade, para, com base na jurisprudência, construir o caminho que levará à normatização com integração plena e expressa da Posse de Estado dentro do nosso sistema jurídico.

5.4. Posse de estado - questão de fato ou de direito?

Outra questão importante que examinaremos aqui é a definição da noção de "posse de estado" e se as respectivas categorias que integram o conceito são matéria de fato ou de direito. Assim, alegar que o investigado "estava firmemente convencido de ser o pai", que "dispensava ao investigante os cuidados que os pais usam ter com os filhos" ou expressões semelhantes, é irrelevante; os quesitos que, porventura, acolhessem tais asserções seriam insignificantes, e nulas as respostas que obtivessem. Isso por se tratar de *matéria de direito*, de qualificações a fazer, pelo juiz que julga a causa. Ao juiz cumprirá, face àquilo que se provou, julgar a idoneidade desses fatos para integrarem as aludidas categorias jurídicas (reputação e tratamento), sendo certo, que, na maioria dos casos, o juízo sobre a "reputação" se obterá por inferência daquele que foi feito sobre o "tratamento". Na verdade, o pronunciamento judicial consiste no suprimento da manifestação de vontade que o pretenso pai deveria ter tido, perfilhando, e que omitiu. O Julgador deve determinar qual a motivação dos atos do investigado. E tal motivação tem por suporte a personalidade do investigado, refletindo seu temperamento, sua educação, seus valores, etc. Por fim, ao fazer a qualificação dos fatos apurados, o que o juiz inquire, *da sua própria experiência*, é o seguinte: "Os fatos apurados são de molde a revelar a convicção da paternidade *por parte dum indivíduo com personalidade do investigado, agindo nas condições concretas em que agiu?*" Portanto, provados os fatos correspondentes àquele padrão normal, o juiz pronunciar-se-á pela verificação dos requisitos "tratamento" e "reputação pelo pai" e, se presentes, confirmará a paternidade. Se, ao contrário, os fatos provados ficam aquém do padrão normal, o juiz pronunciar-se-á negativamente sobre a verificação daqueles requisitos, negando a paternidade.

5.5. Perda da posse

A doutrina examina a possibilidade de o investigado, a partir de certa altura, manifestar a intenção de anular a reputação e o tratamento, como filho, relativamente ao investigante. Isso, contrariando as suas ações, que até aí evidenciavam que, como tal, o tratava e reputava, somando-se ainda a reputação pelo público, o investigante estaria na "posse de estado de filho". Assim, seus atos e palavras passariam a contradizer o comportamento anterior.

Investigação de Paternidade
POSSE DE ESTADO DE FILHO

A questão que surge é a de se saber se tal repúdio tem relevância jurídica, para, por si só, neutralizar a situação anterior. Aqui a doutrina é praticamente uniforme, no sentido de que, este repúdio, só por si, é irrelevante, por que ele tem que corresponder a uma perda da convicção da paternidade e, ainda, que tal perda tenha resultado de razões sérias.

Ora, sustenta Tomás Oliveira e Silva, o ônus da prova da perda da convicção e da seriedade da sua motivação cumprirá, obviamente, ao réu: trata-se de fato novo que visa a impedir a eficácia da "posse de estado". E questão idêntica pode-se pôr, relativamente, ao elemento "reputação pelo público". Ocorre, com alguma freqüência que , *após a propositura da ação* " surgem vozes discordantes daquela que, até aí, era a opinião comum acerca da paternidade. Assim, em princípio, esta nova situação é suspeita. Mas pode acontecer que ela surja antes de proposta a ação e, até, que corresponda a uma virada generalizada da opinião pública.[75]

Entretanto, em qualquer dos casos, será necessário provar a perda da convicção e a seriedade dos motivos que, para tal, contribuíram, prova cujo ônus pertencerá ao réu, caso o autor haja provado a situação anterior a essa modificação de comportamento pelo investigado.

---

[75] OLIVEIRA E SILVA, Tomás. *Filiação - Constituição e extinção do respectivo vínculo.* Almedina. Coimbra. 1989, p. 195.

6. Posse de estado e posse de direito reais

Faremos algumas considerações sobre a questão da natureza jurídica da posse de direitos reais e da "posse de estado". Muito se tem discutido ser a posse fato ou direito, entendendo a maioria da doutrina que a posse é um fato com conseqüências jurídicas.[76] Pontes de Miranda sustenta que *"o conceito de posse, que se tira do art. 485, não contém qualquer referência à corporiedade da coisa"*, razão pela qual *"possui-se o corpóreo como se possui o incorpóreo"*, pois, *"onde o sistema jurídico admitiu que haja proprietário de bens incorpóreos, admitiu que haja possuidor de bens incorpóreos"*.[77]

O Direito canônico estende a posse de direito aos direitos em geral, extravasando o âmbito estreito dos direitos reais sobre a coisa alheia, para alcançar, além dos das obrigações e os relativos ao estado das pessoas. Ihering aprova a tendência do direito canônico e acha que nenhum direito, no futuro, poderá abandonar a proteção concedida à quase-posse, embora use de outro

---

[76] "É a posse um estado de fato, um poder de fato que alguém exerce sobre uma coisa, e cujo conteúdo é exclusivamente econômico, porque se relaciona com o aproveitamento econômico da coisa, considerada como objeto de satisfação das necessidades humanas. Mas é um estado de fato apenas no sentido de prescindir da existência de um título jurídico: há um direito à proteção da posse sem que a posse esteja fundada em direito. Revista do Tribunal de Justiça do estado da Guanabara(23): 11-27,1970, Exposição de Motivos do Esboço do Anteprojeto de Código Civil - Direito das Coisas".

[77] *Tratado de Direito Privado*, tomo X, § 1.112, 1, p. 292.

nome, porque o jurisconsulto saberá o que deve decidir e que termos deve empregar quando a lei protege, provisoriamente, um estado de fato, cuja legitimidade ainda não está demonstrada, mas reconhece que a exata determinação dessa idéia é um problema a resolver.[78] Há doutrinadores, dentre os quais Lino de Morais Leme, que defenderam que o Código Civil admite a posse de direitos em geral, e não apenas dos direitos pessoais patrimoniais, questionando se valeriam os direitos sem a correlata garantia eficiente. Afirma *que "no direito de família, fala o Código da posse de estado de casado; no direito sucessório, de posse de herança.* É também expressão assegurada a posse de direito de obrigações. Que significa isso senão o conceito amplo de posse?[79]

Houve e ainda há divergências acentuadas entre os que apóiam e os que criticam a tese da extensão da posse aos direitos pessoais. Os que negam afirmam que, na prática, não há mais razão de ser a discussão, uma vez que os defensores da extensão da posse de direito aos direitos pessoais visavam a atribuir a seus titulares a defesa possessória. E este objetivo teria sido alcançado, com relação às ilegalidades praticadas por autoridade pública, por outro meio jurídico - o mandado de segu-

---

[78] MOREIRA ALVES. *Posse.* p. 202. Na França, no início do século, Planiol, depois de aludir à divisão tradicional de posse da coisa e posse de direito, concluía: "Todavia, essa distinção não tem nenhuma razão de ser, ela não é senão a reprodução de uma formação histórica progressiva, e sua fórmula não é mais do que um quadro vazio. Com efeito, o que os romanos chamavam "posse das coisas corpóreas" era o gozo completo e exclusivo de uma coisa, *análogo ao exercício regular do direito de propriedade".* Essa tese é sustentada por autores franceses mais modernos, como Mazeaud et Mazeaud e Marty-Raynaud. Acentuam os primeiros que "a posse pode aplicar-se não somente ao direito de propriedade, mas a todos os direitos reais, sejam estes direitos mobiliários ou imobiliários."

[79] Idem. p. 220. "Outros, como Edmundo Lis, Vicente Raó e João Luis Alves, à vista dos termos do Código Civil, não foram tão longe e admitiram essa extensão apenas aos direitos pessoais patrimoniais, fossem pessoais ou reais. A argumentação adotada pelos seguidores dessa corrente foi, precipuamente, a de que a emenda de Rui Barbosa fora de fundo e não de forma e visara a compreender na proteção possessória os direitos pessoais."

rança - que foi introduzido em nosso sistema jurídico pela Constituição de 1934, mas que ressalvava *as ações petitórias competentes.* Segundo Caio Mário da Silva Pereira, como os textos constitucionais posteriores retiraram esta ressalva, conclui que:

"se perdeu a razão de ser aquele esforço hermenêutico. Assim, podem ser objeto da proteção possessória, na verdade, tanto as coisas corpóreas quanto os bens incorpóreos ou os direitos, mas, sendo a posse a visibilidade[80] do domínio, os direitos suscetíveis de posse hão de ser aqueles sobre os quais é possível exercer um poder, um atributo dominicial, como se dá a enfiteuse, as servidões, o penhor. Não os outros que deverão procurar medidas judiciais adequadas à sua proteção".

Verdade é que a extensão da posse aos direitos pessoais é matéria de intenso dissídio doutrinário e jurisprudencial. A propósito, Washinton de Barros Monteiro afirma que "a *jurisprudência, depois de muita vacilação, firmou-se no sentido de que a posse não se aplica aos direitos pessoais, ou melhor, que esses direitos são estranhos ao conceito da posse."*[81]

---

[80] PEREIRA, Caio Mário da Silva. *Instituições de Direito Civil.* 7. ed., Rio de Janeiro: Forense, 1987. v. 4, p. 20. "A redação do art. 113, da Constituição de 1934, era a seguinte: 'Dar-se-á mandado de segurança para a defesa de direito, certo e incontestável, ameaçado ou violado por ato manifestamente inconstitucional ou ilegal de qualquer autoridade. O processo será o mesmo do *habeas corpus,* devendo sempre ser ouvida a pessoa de direito público interessada. O mandado não prejudica as ações petitórias compententes' (grifou-se). A ressalva às ações petitórias competentes - que era o foco da discussão em torno da defesa possessória dos direitos pessoais - deixou de constar do texto de 1946, e dos que se lhe seguiram em 1967, 1969 e 1988."

[81] MONTEIRO, Washington de Barros. *Curso de Direito Civil,* vol. III, pp. 25-26."A jurisprudência depois de muita vacilação, firmou-se no sentido de que a posse não se aplica aos direitos pessoais, ou melhor, que esses direitos são estranhos ao conceito da posse. Assim, tem sido julgado que os interditos não constituem meio hábil: a) para salvaguarda de direitos de família e relações obrigacionais; b) para defesa dos direitos decorrentes de contrato de energia elétrica; c) para garantir a permanência de determinada ligação telefônica; d) para neutralizar os efeitos da violação de um contrato; e) para

Investigação de Paternidade
POSSE DE ESTADO DE FILHO

Entretanto, Orlando Gomes afirma admissibilidade da *posse dos direitos*. Ela é defendida como corolário natural e lógico do princípio segundo o qual a posse é o exercício de um direito. Assim, não pode ser recusada nos sistemas legislativos que se inspiram na doutrina de Ihering. Repelem-na, de modo coerente, aqueles que, seguindo Savigny, concebem a posse como poder físico sobre a coisa. Desde que considere esses elementos, material como um requisito indispensável à constituição da posse, impossível será estendê-la aos direitos pessoais, uma vez que não têm por objeto as coisas. A posse deve se limitar a direitos reais. Mas, se é conceituada como exteriorização de um direito, não se justifica a limitação.[82]

Segundo outros autores, esta perspectiva é falha, por esquecer que, se é certo que Ihering partiu, para elaborar sua teoria, de dois pontos fundamentais - que, como observou Finzi, não eram originais, mas decorriam da discussão que se processava na Alemanha sobre a *Gewere* -, ou seja, o de que a posse é a *aparência de um direito, e, juridicamente, a posse é defesa avançada*, mais rápida e menos sólida, do direito a ela correspondente, essas premissas podem levar à concepção de que a posse é a exteriorização de qualquer direito, *mas não levam necessariamente a essa conclusão*, tanto assim que Ihering - que estudava a posse romana e que sabia que, mesmo quando se admitiu a *possessio iuris*, esta se restringia a alguns direitos reais limitados - não teve dúvida alguma de explicar a *possessio* romana, assim restrita, com a sua teoria.[83]

---

reintegrar o autor na exploração de um negócio; f) para resolver contenda entre componentes de sociedade irregular; g) para reaver determinada licença de automóvel; h) para obrigar uma das partes contratantes no cumprimento das obrigações oriundas de convenção de natureza pessoal".

[82] PEREIRA, Caio Mário da Silva. *Instituições de Direito Civil* . p. 21.

[83] MOREIRA ALVES. *Posse*, p. 230.

Seguindo esta linha, parte da doutrina[84] afirma que, embora a palavra posse seja empregada com referência a outras relações jurídicas (*posse de estado*, por exemplo) seu emprego não traduz senão uma analogia a que não corresponde uma identidade jurídica, pois não se tem em vista nem a manifestação exterior da propriedade, nem os interditos, mas uma relação de fato, representando-se sob uma forma externamente apreciável.

É por isso que, sempre que se fala em "posse de estado", há uma justificável tendência de se ter como referência desta designação o instituto da "posse de direitos reais". Explica Serpa Lopes que:

"como no direito das coisas, a posse é a exteriorização do domínio de um dos seus elementos presuntivos, assim também, no domínio do estado civil, a sua posse, isto é, a manifestação exterior, visível da fruição de determinadas qualidades e atributos da pessoa, fá-la, em dadas circunstâncias, portadora de uma dada situação jurídica, cuja comprovação não lhe é possível por outro modo. Se, de um lado, a posse pode levar à propriedade, não é menos verdade que a 'posse de estado' é reveladora de uma situação fática, e no caso, o de filho".[85]

De outra parte, assim como a posse tem em seus elementos - *corpus e animus* - a "posse de estado" se caracteriza por convergência de elementos específicos quais sejam - *nome - trato - fama*.

Quanto às semelhanças que possam guardar entre si, não se pode negar que ambas são conquistadas por

---

[84] GOMES, Orlando. *Direitos Reais*. p. 31.

[85] SERPA LOPES, Miguel Maria. *Curso de Direito Civil*. Freitas Bastos. Rio de Janeiro. 1954, p. 299. Este autor explicita a noção de "posse de estado" como causa determinante da paternidade ao dizer: "como no direito das coisas , a posse é a exteriorização do domínio de um dos seus elementos presuntivos, assim também, no domínio do estado civil, a sua posse, isto é, a manifestação exterior, visível da fruição de determinadas qualidades e atributos da pessoa, fá-la, em dadas circunstâncias, portadora de uma dada situação jurídica, cuja comprovação não lhe é possível por outro modo.

uma prescrição aquisitiva, tendo como núcleo o transcurso do tempo, que necessita ser declarado judicialmente. Apenas que, para a aquisição da propriedade através da *posse ad usucapionem*, há previsão específica em nosso ordenamento jurídico, enquanto, para a declaração de paternidade, a "posse de estado de filho" ainda não está expressamente contemplada na lei, o que se espera que ocorra logo. Há, pois, um estado senão da continuidade, pelo menos de constância.[86] Eugene Gaudemet faz preciosa distinção desses termos, ao dizer que existe entre estas duas qualidades da *constância* e da *continuida*de uma ligação lógica pelo que é lícito dizer que a *constância* implica a *continuidade*. Mas a recíproca não é exata, pois há, na noção da primeira, alguma coisa mais do que na da segunda.

A *constância* na posse de estado não é somente a permanência: é, antes de tudo, o seu caráter notório e incontestável. Ora, a continuidade, entendida como a coerência dos fatos constitutivos da posse e ausência de toda contradição entre eles, aparece, sem dúvida, como uma condição da constância assim definida. Alerta, porém, que ela não é condição decisiva nem suficiente, porque não implica por ela mesma nem autoridade, nem certeza completa. Parece decisivo que não se possa invocar, em encontro à posse do estado alegada, uma outra posse contrária que a neutralize.

Sem dúvida, em alguns aspectos, ambos os institutos se aproximam, salientando-se uma característica comum marcante que qualifica "posse" e "posse de estado", como uma questão de fato definida por suas peculiaridades.

Não nos parece correto apontar como diferença entre as duas noções de posse o fato de que a *posse de direitos reais* é protegida em razão de si mesma através das ações possessórias, negando razão para proteção da

---

[86] SANTOS, Carvalho. *Op. cit.*, p. 142.

"*posse de estado*" por ela mesma, sob a alegação de que as ações protetoras do estado são suficientes para protegê-la. Certo é que são institutos de natureza distinta, em face dos efeitos jurídicos que produzem. A posse tem, como conseqüência principal, a proteção possessória e a usucapião, enquanto que a "posse de estado", busca a declaração de um direito personalíssimo que diz respeito ao seu próprio titular.

Se, por um lado, é verdade que são institutos de natureza jurídica e efeitos diversos, entendemos que também a "posse de estado" deva merecer tutela jurídica específica sempre que seu reconhecimento esteja ameaçado por ato estranho à existência de seus elementos constitutivos. Imagine-se um indivíduo que, durante anos, viveu em "posse de estado de filho", desfrutando de todas as regalias junto àquele que tinha como pai. Falecido este, interessados outros simplesmente ignoram aquela situação em face de não ter ainda havido reconhecimento judicial de paternidade e passam a prejudicar seriamente seus interesses, até então preservados por desfrutar de "posse de estado de filho". É de se perguntar se não seria razoável antecipar-lhe tutela jurisdicional para, com base na "posse de estado de filho", assegurar-se os direitos que dela decorriam até o julgamento final de uma ação declaratória de paternidade? Ao nosso ver, ambos os conceitos são fontes de pretensão e, como tal, passíveis de receber tutela jurisdicional, com os efeitos e conseqüências específicos para cada um. Basta, para tanto, que o ordenamento jurídico contemple, expressamente, a "posse de estado de filho" como elemento constitutivo ou supridor da filiação, e ainda como causa de pedir, ampliando-se as hipóteses do art. 363 do Código Civil Brasileiro.

Por fim, não se pode esquecer que a vontade criadora é inoperante sobre a "posse de estado". E, ainda, o *animus domini* tem papel secundário na "posse de estado", enquanto o *animus domini* dá à Posse seu poder

Investigação de Paternidade
POSSE DE ESTADO DE FILHO

criador. E, mesmo se hoje a *"posse de estado"*, muitas vezes, faz pressupor o estado, não podemos explicar que ela mesma se veja dotada de um poder criador. Isso decorre do fato de que uma criação implica a aparição de uma entidade nova. Mas entre o "estado" e a "posse de Estado" não existe nenhuma diferença de natureza que permita falar de criação. Esta diferença explica também que a Posse precisa de uma proteção distinta da propriedade.

A posse de estado é revelada também pela exteriorização de determinadas qualidades da pessoa, fundada na publicidade de atos e circunstâncias, razão pela qual pode ser explicada pela chamada teoria da aparência, como se verá a seguir.

7. Posse de estado e a teoria da aparência

A "posse de estado" é também explicada pela teoria da aparência, em que a publicidade faz reconhecer uma situação jurídica em favor de um indivíduo que, na realidade, ainda não a possui. Assim, a juízo de terceiros, o detentor de "posse de estado de filho" passa a desfrutar de uma situação que, efetivamente, não existe, em termos de formalização, mas a aceitação é de tal ordem determinada pela aparência que, o que importa no caso, é a publicidade resultante desta situação de fato. Angel M. Lopez sustenta, em sua teoria da aparência jurídica, que a proteção à aparência se justifica nos ordenamentos que possuem um sistema de publicidade defeituosa, daí por que o valor jurídico da aparência está justamente vinculado ao valor atribuído à publicidade que venha a suprir. Pode-se dizer que a publicidade qualifica a aparência, pois assegura a esta uma eficácia *erga omnes*.[87] Para o citado autor, a "posse de estado" não é efeito dessa realidade exterior consistente no gozo público de um estado; *é elemento constitutivo dela*, mas não obsta a sua qualificação como aparência: esta é, genericamente, a tutela da exterioridade legal correspondente a uma dada realidade jurídica, que dela extrai forma e cor. Se, da publicidade, é sucedâ-

---

[87] LOPEZ, Angel M. *La Posesión de estado familiar*. Sevilha. Publicaciones de La Universidad de Sevilha. 1971. v. 12, pp. 162-3.

Investigação de Paternidade
POSSE DE ESTADO DE FILHO

nea a aparência do estado em que a posse consiste, justo é que essa aparência leve ínsito esse elemento de publicidade consistente na opinião comum. Esta refletirá a medida da seriedade da confiança dos terceiros, mas a existência da aparência não depende da vontade destes.[88] O referido autor comenta que, para Salvi, a "posse de estado" e aparência jurídica têm a mesma configuração, afirmando que o juízo dos terceiros está unido como uma relação de causa e efeito com a realidade exterior que se tutela como aparência, mas *é um elemento exterior a ela nunca elemento integral dessa realidade.*[89]

Na verdade, a aparência revela a "posse de estado" em toda sua amplitude, demonstrando a relação paterno-filial em todos os seus elementos identificadores, revelando a terceiros o que até então era desconhecido.

Difere, entretanto, a aparência decorrente da "posse de estado de filho" da aparência considerada pelo Direito Civil. Isso porque a teoria da aparência no Direito Civil visa a proteger o terceiro de boa-fé que, em razão da aparência de legitimidade do ato, acredita na sua validade. Já, na "posse de estado", a aparência, que se expressa através da fama, é identificadora da relação paterno-filial, não sendo considerada como elemento essencial à boa-fé de terceiros.

Entretanto, a teoria da aparência é acolhida pelo Código Civil brasileiro, ao garantir os efeitos dos atos praticados por quem, realmente, não é o titular do direito, em relação àquele que, em razão da aparência, acredita na validade do ato. Protege-se não o ato em si mesmo, mas o terceiro de boa-fé. Exemplos disso são a previsão do proprietário aparente (art. 648, CCb); do herdeiro aparente (art. 1.600, CCb) e do credor putativo (art. 935, CCb). Preocupa-se o Direito com as conseqüências que decorrem da aparência revelada pela situação

---

[88] idem, p. 167.

[89] SALVI, *Il possesso di stato familiare. Milano*: 1952, citado por LÓPEZ, p. 166.

fática. Entretanto, somente decorrem efeitos jurídicos do ato se a aparência estiver amparada nos princípios da *boa-fé* e o que se traduz na regra *error communis facit ius*.[90]

Como se vê, a aparência presente na "posse de estado" difere da aparência que decorre dos atos com conteúdo de direito patrimonial. Dá-se esse fato pela razão de, no direito patrimonial, a aparência se restringir à publicidade que ela pode informar a terceiros, enquanto, na "posse de estado", a aparência representa uma situação pessoal, íntima, traduzida numa forma de ser e de proceder pelo detentor dessa condição. Por isso, na "posse de estado", sempre haverá de coincidir a verdade exterior (objetiva), ditada pela realidade dos fatos, com verdade interior (subjetiva), produto do sentimento, refletido pela relação paterno-filial.

Por fim, a "posse de estado" revela uma situação fática que se impõe perante todos, enquanto a aparência no Direito Civil pode encobrir uma farsa, sendo útil somente aos terceiros que por ela foram enganados.

---

[90] GOMES, Orlando. *Op. cit.*, p. 228.

8. Conflitos de paternidade e insuficiência do sistema do Código Civil na sua solução

O sistema de filiação adotado pelo Código Civil Brasileiro fundado na presunção *pater is est* está sustentado em razões de ordem pública e interesse da sociedade, no sentido de proteger a família e definir o estado civil das pessoas, impondo a legitimidade do filho oriundo de vínculos matrimoniais. Mas, por distanciar-se da realidade sociológica, tem sido precário na solução de conflitos de paternidade.

Neste sentido, a presunção *pater is est* de paternidade do marido de mulher casada em face dos filhos havidos por esta dentro do casamento, pode levar a conflitos de paternidade de difícil solução. O problema aparece quando se trata do reconhecimento por terceiro de filho tido por mulher casada na constância do casamento. A ocorrência disso se dá em razão de ser privativa do marido da mãe a legitimidade para contestar a paternidade, ainda com limitação rigorosa aos fatos que pode se fundar a contestação, nos termos do art. 340, CCB. Portanto, a filiação adulterina *a matre* somente apareceria quando o marido, vitoriosamente, contestasse a paternidade, com base nos estreitos limites impostos pela lei.

Esta situação de total improbabilidade encontra solução, nas modernas legislações, por três recursos

Investigação de Paternidade
POSSE DE ESTADO DE FILHO

técnicos que fazem cessar a presunção de paternidade, como ocorreu nas reformas legislativas européias em que buscaram atenuar a força da presunção *pater is est*. O primeiro consistiu em aumento de fatos ou circunstâncias que fazem cessar a presunção de paternidade. Assim, por exemplo, o art. 313-1 do Código Civil francês, com redação resultante da reforma, faz cessar a presunção de paternidade do marido quando a mulher registra o filho sem indicar o nome do marido, e o filho só *tem posse de estado de filho* em relação à mãe. Esse dispositivo procurou resolver os casos de separação de fato, seguida de estabelecimento de comunhão de vida não-matrimonial entre a mulher e um outro homem do qual venha a ter um filho. O Código Civil *português*, no art. 1.832, 2, contém norma com função semelhante. O segundo recurso consistiu em abandonar o sistema de enumeração taxativa dos casos em que a lei permite a contestação de paternidade. Isso ocorre no Código Civil Português, cujo art. 1.839-2 (redação posterior à reforma de 1977) permite contestação de paternidade desde que a paternidade do marido seja *"manifestamente improvável"*. O Código Civil francês, o art. 311-12, manda resolver os conflitos de filiação determinando-se por todos os meios de prova *"a mais verossímil"*. O Código Civil suíço não exige impossibilidade, mas um grau de improbabilidade próximo de certeza. E o terceiro recurso consistiu na ampliação do círculo de pessoas consideradas legitimadas à propositura da contestatória de paternidade legítima. Na França, interpretação *a contrario sensu* do art. 334-9 (segundo o qual *"todo o reconhecimento é nulo, todo o pedido de investigação inadmissível quando filho tenha filiação legítima já estabelecida pela posse de estado"*) levou a que fosse admitido o reconhecimento pelo verdadeiro pai em relação a filho registrado em nome da mãe e do marido desta quando não existia posse de estado do filho em relação ao marido da mãe. Surge, então, um conflito de paternidade a ser resolvido pelo Poder Judiciário segundo o critério da maior verossimilhança.[91]

8.1. Casos que demonstram a insuficiência do sistema adotado pelo Código Civil na solução dos conflitos de paternidade

Vários são os casos que demonstram a insuficiência do sistema adotado pelo nosso Código Civil na solução de conflitos de paternidade, decorrentes do apego formalista em favor da presunção *pater is est* e dos obstáculos estabelecidos à busca da verdade biológica, não justificados por qualquer idéia de verdade psicológica ou socioafetiva. A seguir, mencionaremos exemplos que demonstram a existência de casos em que a paternidade é, juridicamente, estabelecida, mas que contraria a paternidade biológica, inexistindo mecanismo corretivo no sistema legislado, o que conduz a paternidades falsas, sobretudo quando, sendo certa e indiscutível a inexistência de *posse de estado de filho* em relação ao marido da mãe, inexiste, portanto, justificativa psicológica, social, existencial, que forneça respaldo à existência de paternidade do marido da mãe, embora sem base biológica.

Primeiro exemplo: Mulher casada, separada há longos anos (de fato) do marido, vive com outro homem em relação estável e tem filho desse companheiro. Trata-se, evidentemente, de filho concebido durante a separação de fato do casal, e portanto, quando inexistia convivência real, efetiva, entre os cônjuges. Ora, no sistema legislado vigente, o que determina a incidência da presunção *pater is est* ... é a existência do vínculo matrimonial formal, não sendo relevante, para a incidência da

---

[91] OLIVEIRA, José Lamartine Correa; MUNIZ, Francisco José Ferreira. *Direito de Família (Direito Matrimonial)*. Porto Alegre, Sérgio Fabris Editor. 1990, p. 44.

presunção, o fato de viver ou não a mulher em comunhão de vida com seu marido. É este o sistema adotado pelo Código, fundado na idéia de *favor legitimitatis* que, naturalmente, decorre da existência de vínculo matrimonial, formalmente estabelecido. Assim, no referido exemplo, apesar da manifesta improbabilidade de paternidade do marido, incide a presunção *pater is est* ..., com toda a sua força, tornando-se inclusive inarredável, se, por exemplo, o marido perde o prazo para a propositura da ação do art. 339, se ele se desinteressa de tal ajuizamento ou se não existe, no caso, nem a impossibilidade física nem a separação legal de que fala o dispositivo legal.

Utilizando-se um dos recursos, anteriormente mencionados, é possível fazer cessar a presunção de paternidade, como se mencionou ser o procedimento do art. 331-1 do Código Civil francês e do art. 1.832, 2, do Código português, ou resolver o problema através da permissão de ação contestatória de paternidade que afaste a paternidade presumida. Em alguns casos, a simples abolição do sistema de causas determinadas permitirá a contestatória e, através dela, se solucionará o problema. Entretanto, nos casos em que o marido da mãe não se interessa pelo ajuizamento da ação, a solução, em via legislativa, só poderá ser obtida através da ampliação do círculo de pessoas legitimadas a propor a contestatória. Assim, neste primeiro exemplo, se o filho vive com seu verdadeiro pai, o companheiro de sua mãe, tendo *posse de estado de filho* em relação a este, e não ao pai presumido (o marido da mãe), fica evidente a utilidade que teria reforma legislativa que abrisse ao filho a legitimidade para ação. Neste caso, ação do filho permitiria a perquirição da verdade biológica, coincidente, no caso, com a relação paterno-filial, existencialmente vivida, que é de alta relevância social.

Segundo exemplo: Mulher casada, vivendo em companhia do marido, que concebe filho de outro homem. O filho, portanto, foi concebido na constância do casamento, isto é, nascido depois dos 180 dias de que fala o art. 338, I, e antes dos 300 dias contados da dissolução da sociedade conjugal (art. 338, II) ou de separação de fato. A mãe passa a viver com o verdadeiro pai da criança, que o trata como filho. O marido da mãe desinteressa-se em negar a paternidade, deixando de propor a contestatória. Incide a presunção *pater is est*...

Nesta hipótese, em que, de resto, como na anterior não existe qualquer paz familiar a ser preservada, pois já ocorreu a separação, judicial ou de fato, e existe *posse de estado de filho* em relação seu verdadeiro pai, e não em relação ao marido da mãe, torna-se, manifestamente importante o reconhecimento da legitimidade da mãe para a propositura da ação, quando o filho ainda é menor.

Terceiro exemplo: Este terceiro exemplo trata de hipótese excepcional quanto à possibilidade de ocorrência efetiva, mas retirada de exemplo judicial real: decisão da Suprema Corte da Califórnia, do ano de 1975. Mulher casada separou-se, de fato, de seu marido e passou a viver com outro homem, de quem teve um filho. Quando este tinha cinco meses de idade, deixou a companhia do pai da criança e, levando o filho consigo, voltou a viver com o marido. A criança foi registrada em nome do marido da mãe. Tal fato também aconteceria em nosso Direito, com a incidência da presunção *pater is est.* Posteriormente, a mulher e o seu marido vieram a falecer, sendo a criança entregue à guarda de estranhos, sob fiscalização de tutor judicialmente nomeado. Contra o teor das regras legais vigentes na Califórnia, a Corte admitiu a possibilidade jurídica de que o verdadeiro pai demonstrasse judicialmente sua paternidade.

O exemplo é útil para demonstrar que, nos casos excepcionais em que a legitimidade da mãe, do marido desta e do filho não envolva situação em que a demonstração da verdade biológica não causará qualquer trauma à paz familiar em que cresce a criança, vindo, ao contrário, compatibilizar a verdade biológica com a verdade jurídica, favorecendo ao mesmo tempo solução que vai no sentido dos interesses do filho, pode o reconhecimento da legitimidade processual ao verdadeiro pai desempenhar relevante função, ainda que, eventualmente, sob a forma de ação exercida pelo Ministério Público, a requerimento do verdadeiro pai, o que corresponde à solução portuguesa (Código Civil português, art. 1.841).

Dessa forma, os motivos que, freqüentemente, serão invocados para excluir total possibilidade de contestatória por parte do verdadeiro pai (paz familiar, interesse do filho) só se justificam quando a mãe e seu marido vivem em comunhão efetiva de vida, e existe posse de estado de filho em relação ao dois, aceitando, com isso, o marido, a responsabilidade de pai social e psicológico do filho de sua mulher. Nestas circunstâncias, é evidente o interesse do filho no sentido de preservar a situação existente. O que não significa dizer que não existam situações em que, não vivendo a criança em companhia da mãe e do marido desta, e estando o pai verdadeiro disposto a assegurar ao filho um ambiente familiar de que este não goza, não seria útil uma reforma legislativa que indicasse nessa direção, a questão da legitimidade.

A questão é enfrentada por Fachin quando examina, com a competência e autoridade que lhe são reconhecidas, o funcionamento da presunção *pater is est*, no sentido de viabilizar a declaração não só de uma paternidade jurídica e biológica, mas, sobretudo, a verdadeira paternidade que é representada pela convivência socioafetiva, caracterizadora da relação paterno-filial.[92]

---

[92] FACHIN, Luis Edson, *Op. cit.*, p. 135.

8.2. Circunstâncias que fazem cessar a presunção de paternidade

Para tanto, o reconhecido mestre refere duas circunstâncias determinantes da cessação da presunção *pater is est*, quais sejam: a separação de fato entre os cônjuges e a ausência de "posse de estado de filho" diante do marido da mãe. Informa, ainda, que o STF, em julgamento do Recurso Extraordinário nº 46.135 - São Paulo - 1962, admitiu o reconhecimento de filho de homem solteiro com mulher casada, por aquele, no registro de nascimento.

Dessa forma, a jurisprudência admitiu a investigatória ou o reconhecimento, desde que haja a separação de fato entre os cônjuges somada à ausência de posse de estado de filho diante do marido da mãe. O que se constata e nos foi alertado pelo professor Edson Fachin é que a "posse de estado" pode informar positiva ou negativamente. Com efeito, é de se considerar determinante, para a declaração da paternidade, o fato da existência da "posse de estado de filho" em relação àquele que promove o reconhecimento ou é investigado. E, no caso da filiação adulterina *a matre*, a inexistência da mesma "posse de estado de filho" diante do marido da mãe.

O mencionado mestre alerta que a solução encontrada pela jurisprudência, em que a separação efetiva dos cônjuges passou a suprir ou dispensar a contestação de paternidade do marido da mãe, não pode ser tomada como fundamento jurídico para a decisão. Segundo afirma, um novo fato não pode, por si só, substituir uma ação judicial específica, mormente quando este fato não constitui causa de pedir de uma nova ação.

Na verdade, prossegue, o que a orientação jurisprudencial construiu foi uma situação capaz de fazer cessar a presunção *pater is est*, ao permitir a investigação de paternidade ao filho de mulher casada, e, por força da

Investigação de Paternidade
POSSE DE ESTADO DE FILHO

procedência desta, desde que houvesse separação de fato entre os cônjuges.[93] Constata-se que falta transportar a realidade jurisprudencial e constitucional para a legislação ordinária, incorporando, de forma plena, os princípios informadores do novo sistema de estabelecimento da filiação. É indispensável readequar o funcionamento da presunção *pater is est*, fazendo com que esta não opere ou cesse seus efeitos, sempre que improvável a paternidade pelas circunstâncias fáticas.

Como meio para viabilizar a solução de vários conflitos de paternidade, é necessário que seja, imediatamente e de forma expressa, incorporado ao sistema o conceito de "posse de estado de filho", pois, quanto mais não fosse, as gratificações mais profundas e mais significativas da paternidade não decorrem do que Hegnauer chamou "*a voz mítica do sangue*", e, portanto, da procriação biológica, mas do serviço e da dedicação consciente, que conduzem quem os recebe ao crescimento e à autonomia.[94]

8.3. Proposta para o acolhimento da noção de posse de estado de filho pelo ordenamento jurídico brasileiro

Embora não seja a finalidade do presente trabalho, enquanto pesquisa, sentimos necessidade de apresentar aqui, sobretudo para propiciar o debate, uma proposta para o acolhimento da noção de posse de estado de filho, de forma expressa, pelo ordenamento jurídico.

---

[93] FACHIN, Luis Edson. *Op. cit.*, 146.

[94] VILLELA, João Baptista. *Liberdade e Família, Movimento Editorial da Revista da Faculdade de Direito da UFMG*, Volume III, série Monografias - Número 2. Belo Horizonte.1980, p. 37.

Entendemos que o conceito de *posse de estado de filho* deve ser incorporado, expressamente, ao Código Civil, em quatro dimensões.

Primeira, *como meio de prova*, constando expressamente do art. 349, CCB, sem que tenha que ser colocado no contexto da expressão "veementes presunções", hoje em vigor.

Segunda, *como meio ou modalidade de reconhecimento*, outorgando ao interessado, ação específica de *constatação/declaração*, para tal finalidade;

Terceira, *como causa de pedir, ou seja, como fonte de pretensão*, ampliando as hipóteses previstas de investigação de paternidade, no art. 363 do CCB.

Quarta, *como causa de pedir da ação negatória de paternidade*, incorporando-se as hipóteses previstas no art. 340, CCB.

Esclarecemos, com a finalidade de evitar qualquer confusão, a razão pela qual contemplamos duas hipóteses de ações específicas de reconhecimento, pois, na verdade, possuem funções diversas. É que, na segunda dimensão, a *ação de constatação/declaração* tem como função viabilizar uma forma de reconhecimento de paternidade judicial, voluntário, tácito, ou seja, sem oposição, com base na "posse de estado de filho". Já, na terceira, *a função seria a de instrumentalizar a ação investigatória*, qualificando um reconhecimento de paternidade forçado.

Ainda não se pode esquecer que o reconhecimento expresso pelo sistema jurídico da "posse de estado de filho", no estabelecimento da filiação, virá também evitar possíveis conflitos decorrentes, sobretudo, da filiação resultante da fecundação artificial. Neste caso, embora o princípio que orienta o estabelecimento da filiação seja a verdade biológica, esta realidade pode ser totalmente desconsiderada. Isso porque a verdade sociológica, que poderá identificar a relação paterno-filial,

Investigação de Paternidade

não decorrerá da vinculação genética, mas sim dos laços de afetividade que sustentam este vínculo. Aqui, por exemplo, jamais seria desejável buscar a paternidade biológica, isto se é que seria possível. Por outro lado, não se poderia consentir que o marido, que concordou com a inseminação heteróloga, venha ajuizar ação negativa de paternidade, por manifesta impossibilidade jurídica do pedido.

Ao nosso sentir, a recepção expressa do conceito de "posse de estado de filho" no sistema jurídico contemplaria as mais significativas alterações já realizadas com êxito, em legislações de outros países, sobretudo em Bélgica, Portugal, França e Uruguai, alcançando aos aplicadores do direito um valioso instrumento para resolver os conflitos de paternidade, além de proporcionar um novo caminho ao direito de família.

9. Direito comparado

A "posse de estado" é uma instituição universal, tendo a doutrina trabalhado cientificamente no seu exame, e as legislações estrangeiras, se não a admitem diretamente em seus textos legais, pelo menos não a afastam, considerando-a numa valoração provatória.

9.1. Direito francês

A legislação francesa, através da reforma procedida pela Lei nº 72-3, de 3.1.72, prestigia a verdade biológica, mas o sistema recebe a influência de outros valores e concede espaço significativo para a realidade sociológica, instrumentalizada pela verdade afetiva. Assim, adotou expressamente o instituto da "posse de estado" como fator relevante na teoria do reconhecimento, com dupla função, ou seja, podendo ser meio de prova e elemento constitutivo da própria filiação. Isto se evidencia pelo dispositivo, segundo o qual é nulo o reconhecimento, e inadmissível a ação investigatória, *"quando o filho tem já uma situação de legitimidade estabelecida pela posse de estado" (art. 334-9).* Quer dizer: título e posse de estado tornam a paternidade inatacável. O art. 311-1 diz que a posse de estado, que deve ser contínua, é estabelecida por uma reunião suficiente (*suffisante*) de fatos que indicam a relação de filiação e de parentesco entre o indivíduo e a família à qual ele diz pertencer. No art. 311-2, são apontados os elementos constitutivos da posse de estado, os tradicio-

Investigação de Paternidade
POSSE DE ESTADO DE FILHO

95

nais *nomen, tractatus* e *fama*, sendo opinião dominante na doutrina que a listagem é indicada na lei e não taxativa. Outros fatos podem ser alegados para demonstrar a posse de estado, desde que sejam suficientes, cabendo ao juiz apreciar, soberanamente, a questão. Segundo o art. 320 do Código Civil francês, a "posse de estado", na falta de título, tem um papel de prova da filiação legítima. E, no seu art. 334-9, dispõe sobre a função constitutiva exercida por esse instituto, quando considera inatacável a paternidade revelada por "posse de estado". Também integra a presunção de paternidade legítima nos casos de divórcio ou separação de corpos dos cônjuges, pois recupera sua eficácia de pleno direito, se tinha havido posse de estado com respeito a estes (art. 313). Por outro lado, se afasta a presunção de paternidade legítima quando o filho escrito sem indicação do nome do marido goza somente de posse de estado relativamente à mãe (art. 313, I). E, quanto à filiação natural, admite-se a investigação da maternidade provando a posse de estado de filho natural (art. 341). Por fim, a ação de alimentos é admitida por filho de mãe casada contra um terceiro, se seu título de filho legítimo não está corroborado por posse de estado (art. 342 -1).

Ainda, a Lei 82.536, de 25 de junho de 1982, alterou o art. 334-8, considerando a "posse de estado" como um reconhecimento tácito, decorrente do comportamento de aceitação do pretenso pai.

Portanto, o legislador francês, ao acolher em seu sistema jurídico a filiação fundada na verdade socioafetiva, alcançou a posse de estado de filho a tutela jurídica necessária para justificar uma declaração da paternidade, sustentada nessa realidade.

9.2. Direito espanhol

O Código Civil espanhol, alterado pela Lei nº 11, de 13.5.81, dispõe em seu artigo 131 que qualquer pessoa, com interesse legítimo, tem ação para que se declare a filiação manifestada pela constante posse de estado, salvo se a filiação reclamada contrarie outra legalmente determinada. Faltando posse de estado, a ação de investigação da filiação matrimonial, que é imprescritível, só pode ser exercida pelo pai, pela mãe ou pelo filho (art. 132, alínea 1). A posse de estado provoca a limitação dos sujeitos ativos da reclamação da filiação matrimonial ao pai, à mãe e ao filho (art. 132) e de reclamação extramatrimonial ao filho durante sua vida (art. 133). Segundo o art. 135, quando não haja prova direta da geração ou do parto, poderá reclamar-se a filiação que resulte, entre outros casos, da posse de estado. Ao contrário, a falta de posse de estado amplia o grupo dos legitimados para impugnar a paternidade, estendendo-a aos herdeiros do filho (art. 137).

9.3. Direito boliviano

No direito boliviano, em seu Código de Família, a posse de estado provada em juízo supre a falta do registro para os filhos nascidos de matrimônio (art. 182), e ninguém pode reclamar a filiação distinta quando há conformidade entre o registro e a posse de estado, nem pode impugnar-se a filiação de quem tem a posse de estado conforme com aquele (art. 192). Os filhos de pais não casados entre si, na falta de reconhecimento, podem estabelecer sua filiação pela posse de estado provada judicialmente (art. 205).

9.4 Direito venezuelano

O Código Civil venezuelano tem disposições bem significativas relativamente à posse de estado no estabelecimento da filiação. Exemplos disso são os seguintes artigos:

Investigação de Paternidade
POSSE DE ESTADO DE FILHO

97

"Art. 198: El defecto de la partida de nacimiento, son tambiém pruebas de la filiación materna : ... 2. La posesión de estado de hijo (refere-se a qualquer filiação); art. 210, § 2º: Queda establecida la paternidad cuando se prueba la posesión de estado de hijo..." (refere-se à extramatrimonial).

"Artigo 230: Cuando no exista conformidad entre la partida de nacimiento y la posesión de estado, se puede reclamar una filiación distinta de la que atribuye la partida de nacimiento.Y aun cuando exista conformidad entre las actas del registro civil y la posesión de estado, se puede también reclamar una filiación distinta que la que atribuyen las actas del Registro Civil si se reclama y prueba judicialmente por cualquier medio, la suposición o sustitución de parto, o si el hijo fue inscripto bajo falsos apellidos o como nacido de padres inciertos" (refere-se a ambas as filiações).

"Artigo 233: Los tribunales decidirán , en los conflictos de filiación, por todos los medios de prueba establecidos, la filiación que les parezca más verosímil, en atención a la posesión de estado. "

Sem dúvida, a regra do artigo 233 do Código Civil venezuelano é um indicativo seguro e claro para o juiz, no sentido de que, em qualquer decisão judicial, em conflitos de filiação, deverá o aplicador do direito, numa interpretação sistemática, hierarquizar como princípio orientador para o estabelecimento da filiação a busca da harmonia, do acolhimento e da declaração, mais próximos possíveis da posse de estado.

9.5. Direito português

O Direito português, segundo informa Guilherme Oliveira, também adotou, em sua reforma, a noção de "posse de estado de filho", "que é um velho instrumento técnico-jurídico, mas vai assumindo, hoje em dia, um lugar cada vez mais importante nos sistemas dos direitos da filiação. O reforço do ideal da verdade biológica que determinou, nos últimos vinte anos, reformas profundas nos sistemas legais de muitos países, agudizou o problema da prova da filiação". Assim, a declaração da paternidade é alcançada através de juízos de probabilidade, que assentam sobre provas indiretas e, dentre estas, a posse de estado constitui o índice preferencial da verdade - fornece uma probabilidade tão forte que vale como certeza, diz o referido autor.[95]

O art. 1.831 do Código Civil português dispõe que:

"... renasce a presunção de paternidade se, em ação intentada por um dos cônjuges ou pelo filho, se provar que, no período legal da concepção existiram relações entre cônjuges que tornam verossímil a paternidade do marido ou que o filho, na ocasião do nascimento, beneficiou de posse de estado relativamente a ambos os cônjuges".

E, ainda, enumera os requisitos necessários para o reconhecimento da posse de estado do filho, por ocasião do nascimento, relativamente a ambos os cônjuges, a saber: "a - *ser a pessoa reputada e tratada como filho por ambos os cônjuges; b - ser reputada como tal nas relações sociais, especialmente, nas respectivas famílias;"* Aqui, a posse de estado de filho comum faz presumir a paternidade do marido, ou seja, faz restabelecer a presunção de paternidade.

A relevância dessa prescrição é que a ausência de "posse de estado" poderá determinar a cessação da presunção *pater is est,* que deverá ser constatada em

---

[95] OLIVEIRA, Guilherme de. *Estabelecimento da filiação*. Coimbra. Livraria Almedina. 1997. p. 75. Afirma que "ainda quando uma relação de posse de estado não radica num vínculo natural, ainda assim pode merecer tutela jurídica por força do vínculo afectivo e sociológico, que exprime".

Investigação de Paternidade
POSSE DE ESTADO DE FILHO

contencioso e podendo o marido opor-se. Assim, embora o sistema de filiação matrimonial seja determinado pela regra *pater is est*, permite plena impugnação quando ela parecer manifestamente improvável (art. 1.839, 2).[96] Para tanto, estão legitimados a propor ação de impugnação: o marido da mãe; a própria mãe; o filho e o Ministério Público (art. 1.482).

Ainda, o art. 1871, 1, dispõe sobre as diversas hipóteses em que, para efeitos de reconhecimento judicial, a *"paternidade presume-se: a) quando o filho houver sido reputado e tratado como tal pelo pretenso pai e reputado como filho pelo público"*.[97] A legislação portuguesa reconhece, em qualquer caso, o direito do filho ao estabelecimento da paternidade por via da ação judicial. O progresso consiste no fato de que, em certos casos como os previstos no art. 1.871, mais do que permitir livremente a prova da relação biológica, *a lei dispensa o autor de provar o fato constitutivo, que é o vínculo biológico, ou seja, a lei inverte o ônus da prova, dá como presumida a filiação biológica e é o réu que tem de ilidir a presunção favorável ao autor.*

Importante, também, a regra do art. 1.832 do Código Civil português, que prescreve: "1) A mulher casada pode fazer declaração do nascimento com a indicação de que o filho não é do marido; 2) Cessa a presunção de paternidade, no caso previsto no número anterior, se foi averbada ao registro declaração judicial de que na ocasião do nascimento o filho não se beneficiou de posse de estado, nos termos do nº 2, do art. precedente, relativa-

---

[96] OLIVEIRA, Guilherme de. *Estabelecimento da filiação*. Coimbra. Livraria Almedina. 1997. p. 74.

[97] O Código Civil português, no art.1871, dispõe: "A paternidade presume-se: a) quando filho houver sido reputado e tratado como tal pelo pretenso pai e reputado como filho pelo público; b) quando exista carta ou outro escrito no qual o pretenso pai declare inequivocamente sua paternidade; c) quando, durante o período legal da concepção, tenha existido comunhão duradoura entre a mãe e o pretenso pai; d) quando o pretenso pai tenha seduzido a mãe, no período legal da concepção, se esta era virgem e menor no momento em que foi seduzida, ou se o consentimento dela foi obtido por meio de promessa de casamento, abuso de confiança ou abuso de autoridade."

mente a ambos os cônjuges". Guilherme Oliveira explica que a declaração judicial de *ausência de posse de estado*, prevista no Código português, inexiste no sistema francês. Mas é necessário compreender que tal declaração, em verdade, servirá para indicar a separação de fato entre os cônjuges.[98]

9.6. Direito uruguaio

O Direito uruguaio também contempla a "posse de estado" de forma expressa, como forma de reconhecimento da filiação. Exige,, em tais casos, que a "posse de estado de filho natural" - entendidos estes como todos os filhos concebidos por pessoas não casadas entre si - seja notória e comprovado em juízo o reconhecimento tácito da filiação.

Assim, no mencionado país, há três modalidades de reconhecimento: a) o voluntário, que há de se fazer por escritura pública, por testamento, ou através do registro de nascimento; b) o tácito, resultante da *"constatação, ante juiz competente, da posse notória do estado de filho natural, de conformidade com os arts. 46, 474 e 48, do Código Civil, no que for aplicável"*, e, por fim, c) o judicial, decorrente de ação investigatória.

9.7. Direito argentino

A legislação argentina, igualmente, prevê em seu Código Civil, o instituto da "posse de estado de filho" como fonte de reconhecimento da filiação. O art. 256 dispõe que *"A posse de estado devidamente constatada em juízo terá o mesmo valor que o reconhecimento expresso,*

---

[98] OLIVEIRA, Guilherme de. *Critério Jurídico da Paternidade*. Coimbra. 1983. 526p. Tese, Doutorado, Faculdade de Direito de Coimbra, p. 196.

Investigação de Paternidade
POSSE DE ESTADO DE FILHO

101

sempre que não for desvirtuado por prova em contrário sobre o nexo biológico". Aqui, também, está presente o princípio declarativo, fazendo com que o vínculo jurídico da filiação coincida com a filiação real.[99] Entretanto, a "posse de estado" (nome, trato e fama) embora quase se identifique ao reconhecimento, difere deste que se pode desconstituir mediante prova sobre o nexo biológico. Somente, se se demonstra a não-coincidência do nexo biológico com a filiação que surge da "posse de estado" haverá de cair o reconhecimento implícito que ela comporta.

O artigo 256 se aplica à filiação extramatrimonial, encontrando-se colocado entre os artigos referidos, exclusivamente, à mesma e, sobretudo, equipara a posse de estado ao reconhecimento, figura específica da determinação desta espécie de filiação. A posse de estado tem igual eficácia em juízo que o reconhecimento, uma vez demonstrada em juízo. Isso significa que o título de estado está constituído pela sentença que declara haver efetuado a prova satisfatoriamente. Cumpre observar que não é necessário demonstrar a posse de estado para provar a filiação. A demanda será julgada favoravelmente, embora não haja posse de estado, ou o autor não consiga prová-la, se a relação vital é demonstrada satisfatoriamente e, será afastada ainda que se prove a posse de estado, se o demandado comprova a ausência de nexo biológico entre as partes.[100]

---

[99] FACHIN, Luis Edson. *Op. cit.*, p. 78.

[100] COSTA, Maria Josefa Mendez. *La Filiación*. p. 299. A autora faz importante considerações sobre a posse de estado e nexo biológico, afirmando que "El tema de la trascendencia de la posesión de estado en cuanto demosntrativa de la filiación, ya que ésta tiene su razón de ser en la relación biológica, preocupó a la doctrina y jursiprudencia argentinas alrededor de la exigencia de que aquélla se hubiera configurado para que procediera accionar por filiación extramatrimonial después de la muerte del presunto progenitor (art. 325, sustituído del Código Civil). La actual admisión legal de la equiparación entre la posesión de esta y el reconocimiento desplaza la polémica sin restarle nada de su contribución al esclarecimiento de una doctrina de positivo interés. La cuestión se plantea en términos de si la

Por outro lado, na legislação argentina, a ação de impugnação da paternidade matrimonial (art. 259) poderá ser exercida pelo marido ou por seu filho, sendo para aquele estabelecido o prazo de caducidade de um ano e para este, imprescritível. Já, a impugnação do reconhecimento de filhos concebidos fora do matrimônio (art. 263) pode ser feita por todos que tenham interesse, sendo que o filho a qualquer tempo, e os demais interessados poderão exercer ação no prazo de dois anos.

9.8. Direito italiano

Também, o Código Civil italiano, de 1942, dispôs em seu artigo 269, entre os casos em que se podia declarar a paternidade natural, o da existência de posse

filiación queda demonstrada cuando la posesión de esta ha sido probada". Por considerarmos importante, reprisaremos sinteticamente as três teses doutrinárias examinadas pela autora: A primeira sustenta que *"La prueba del nexo biológico es indispensable.* Se apoya fundamentalmente en que la filiación es tal en virtud del hecho biológico y no por voluntad de las partes, pudiendo presentarse el trato paterno-filial entre personas no unidas por la generación". A segunda afirma que *"La prueba del nexo biológico no es necesaria.* Afirmalo implica que la posesión de estado comporta reconocimiento, de manera que si ha sido probada, es superfluo exigir la prueba del nexo biológico cuya verdad surge de dicho reconocimiento". "La posesión del estado, escribe Belluscio, importa un reconocimiente tácito que equivale al expreso, y si frente a éste no es necesario probar el nexo biológico, tampoco lo es frente aquél". "Vélez Sársfield en la nota al artículo 325 afirmaba: La posesión de estado vale más que el título. El título, la escritura pública, el asiento parroquial, la confesión judicial, son cosas de un momento, un reconocimiento instantáneo; mas *la posesión de estado,* los hechos que la constituyen, son un reconocimiento continuo, perseverante, de muchos y variados actos de todos los días, de todos los instantes. La posesión de estado es así por su naturaleza, una prueba más perentoria que la escritura pública, que los actos auténticos, es la evidencia misma; *es la prueba vive y animada; la prueba que se ve, que se toca, que marcha, que habla; la prueba en carne y hueso, como decía una Corte Francesa".* A terceira sustenta que *"La posisión de estado no prueba necesariamente el nexo biológico pero constituye un elemento de particular relevancia en su demonstración y, en ciertos casos, es suficiente para sentar la verdad de la filiación.* (grifo nosso) Si la prueba de la posesión de estado es tal que permita ao juez formar la convicción de que la filiación es verídica, puede prescindir de otras pruebas.

Investigação de Paternidade
POSSE DE ESTADO DE FILHO

de estado (inciso 4). A Lei nº 151, de 19.5.1975, trouxe profunda reforma do direito de família, reescrevendo parte substancial do Código. Pela legislação de 1975, o art. 269 do Código Civil italiano dispõe que a " prova de paternidade e da maternidade pode ser feita por qualquer meio". Portanto, está também incluída a posse de estado, embora só haja referência a esta a propósito da filiação legítima (arts. 236, 237 e 238). Ainda, pelo Código Italiano a posse de estado de filho é a que resulta de vários fatos, os quais, no seu complexo, constituem grave indício das relações de filiação entre uma pessoa e aquela à qual a filiação é atribuída, e esses fatos são os seguintes: que a pessoa tenha sido tratada como filho do indigitado pai e que este tenha, como tal, atendido à manutenção, à educação e à colocação dela; que a pessoa tenha sido, constantemente, considerada como filho nas relações sociais.

9.9. Direito belga

Já, a reforma na Bélgica admite a cessação da presunção *pater is EST* sempre que houver separação de fato, mais "ausência de posse de estado de filho". A reforma belga[101] conjugou a verdade biológica com a "verdade do coração", buscando, na realidade dos fatos, a sustentação para a verdadeira paternidade que é a socioafetiva. Portanto, o legislador belga construiu um sistema diverso do direito português, pois a ausência de posse de estado de filho diante do marido da mãe e a separação de fato são circunstâncias que permitem, no direito belga, o reconhecimento voluntário por terceiro, do filho tido por mulher casada ou a investigação da verdadeira paternidade, que fazem por isso, cessar os efeitos da presunção *pater is est*.

---

[101] FACHIN, Luis Edson. *Op. cit.*, p. 94.

9.10. Direito soviético

Ainda, na legislação soviética, para estabelecer a paternidade fora do matrimônio, leva-se em conta que os progenitores tenham educado e alimentado conjuntamente o filho. Ora, esta realidade é o suporte revelador da posse de estado.

Como se verifica, as legislações mais avançadas contemplam, expressamente, a noção de "posse de estado de filho" tanto como força probatória como criadora no estabelecimento da filiação.

Tais legislações preocupam-se em dar relevância à paternidade socioafetiva, quando admitem ser a "posse de estado" elemento constitutivo da própria filiação, o que representa uma nova concepção de família revelada pelo efetivo reconhecimento e consideração recíprocos de seus membros, em que destaca a relação paterno-filial.

Importa agora analisar como evoluiu no sistema jurídico brasileiro a questão da filiação ilegítima, e de que forma a jurisprudência tem resolvido os conflitos de paternidade, incluindo a noção de posse de estado de filho.

10. Filiação ilegítima e posse de estado no sistema jurídico brasileiro e na jurisprudência

As modificações dos costumes com outra realidade sociológica, sobretudo a discriminação injustificável dos filhos tidos como ilegítimos, exigiu mudanças no Sistema de Estabelecimento da filiação. Assim, lentamente a legislação pátria passou a conceder direitos aos filhos ilegítimos, embora todo o rigorismo do sistema codificado.

Nesta nova visão de família, houve a liberação das relações pré-conjugais, passando-se da ética do trabalho, da submissão e do sacrifício para a ética do prazer e da felicidade. A facilidade do divórcio e a abolição do conceito de ilegitimidade, se não desacreditou, enfraqueceu o casamento.

10.1. Evolução legislativa no reconhecimento da filiação ilegítima

Aqui, temos um conjunto de Leis como resposta do legislador brasileiro, sendo que, relativamente à proibição do reconhecimento de filhos ilegítimos - cujo rigor era estabelecido pela norma do art. 358, CCb, houve um longo caminho de sucessivas derrogações, que passamos a mencionar:

Investigação de Paternidade
POSSE DE ESTADO DE FILHO

a) *em 1941 - Decreto-Lei 3.200*, proibia que, nas certidões extraídas do assento de nascimento, se declarasse a qualificação do filho, salvo a requerimento do próprio interessado ou por decisão judicial.

b) Decreto-Lei 4.737, de 24.9.42 (Lei Chateaubriand, abrandou o art. 358, *pois o filho havido de cônjuge casado, concebido antes do desquite, sempre fora tido por adúltero),* cujo art. 1º dispõe: *"O filho havido pelo cônjuge fora do matrimônio pode, depois do desquite, ser reconhecido, ou demandar que se declare sua filiação"*.

Permitiu-se, então, o reconhecimento de filhos adulterinos e incestuosos após o desquite do genitor. A partir daí, a interpretação sistemática teria resolvido uma série de problemas sem solução pelo sistema, mas faltou vontade ou preparo dos nossos julgadores. Este decreto veio resolver o dissídio jurisprudencial que qualificava de adulterinos, ou não, os filhos havidos de cônjuges desquitados, isto é, os filhos concebidos após decretada a dissolução da sociedade conjugal. Jamais se cogitou de considerar reconhecível o que fosse gerado na constância do casamento, uma vez que os mais extremados arestos não passavam além de estatuir que a concepção posterior ao decreto preventivo de separação de corpos autorizava o reconhecimento.

Este Decreto-Lei não atendeu, simplesmente, à condição dos filhos de desquitados, isto é, gerados após o desquite, foi muito mais longe, usando uma linguagem mais ampla, da qual se infere que, por ato espontâneo ou sentença judicial, poderão ser reconhecidos, depois do desquite, os filhos havidos pelo cônjuge fora da sociedade conjugal.[102] Evidentemente, que somente o filho adul-

---

[102] PEREIRA, Caio Mário da Silva. *Reconhecimento de Paternidade,* p. 39. "A cláusula circunstancial - *"depois do desquite"-* é modificativa de reconhecimento, e não da concepção, enquanto a expressão *" fora do matrimônio" é que se prende diretamente à geração.* Para haver reconhecimento, a condição é a existência do desquite; para ser perfilhado, basta que o filho tenha sido gerado fora do matrimônio. A condição única, criada pela lei, ao facultar a perfilhação espontânea, ou a perquirição judicial, é a ocorrência do desquite.

terino *a patre* pode ser reconhecido, pois no caso do adulterino *a matre*, não será possível a aplicação desse dispositivo, porque outros princípios opõem soberano obstáculo, em especial a presunção *pater is est*.

c) *Lei 883, 21.10.49* permitiu o reconhecimento do filho adulterino, após a dissolução da sociedade conjugal do(a) genitor(a), incluindo aí a hipótese de morte não prevista, dada sua especificidade, na lei anterior. Entretanto, persiste o obstáculo em relação ao adulterino *a matre*, que por força da presunção *pater is est quem nuptia demonstrant*, ele é filho legítimo, salvo contestação de legitimidade feita pelo marido.

Este entendimento não é pacífico na doutrina, pois, em nome do princípio de hermenêutica, segundo o qual *ubi lex non distinguit neque interpres distinguere potest*, alguns autores e arestos admitem a ação do adulterino, seja *a matre*, seja *a patre*.[103]

d) *Lei 6.515, 26.12.77 (art. 51, nº 1)*, acrescentou um parágrafo único ao art. 1º da Lei nº 883, permitindo o reconhecimento ainda na constância do casamento, desde que, em testamento cerrado, aprovado antes ou depois do nascimento do filho e, nesta parte, irrevogável.

e) *Lei 7.250, 14.11.84*, acrescentou ao art. 1º da Lei 883/49 o § 2º, permitindo o reconhecimento de filho adulterino, ainda na constância da sociedade conjugal, desde que o cônjuge do genitor estivesse separado de fato há mais de 5 anos contínuos;

f) A *Lei 7.841, 17.10.89*, espantou qualquer dúvida sobre o alcance incondicional da igualdade assegurada pela Carta Magna, cujo art. 1º revogou expressamente o art. 358 do CCB, que impedia o reconhecimento de filhos incestuosos e adulterinos. Isso já ocorrera antes desta lei, pois a Constituição Federal de 1988, art. 227, § 6º, já havia

---

[103] CRUZ, João Claudino de Oliveira e. *Dos alimentos no direito de família*, n. 34; Tribunal de Justiça do Antigo Distrito Federal. Revista Forense, vol. 113, p. 131.

conferido aos filhos, havidos ou não dentro do casamento, os mesmos direitos e qualificações, proibidas designações discriminatórias; (*obs. chegou a ser questionada essa liberação uma vez que o art. 363, CC, ainda expressa a vedação dos filhos de pessoas casadas demandarem o reconhecimento de paternidade (art. 183, nº VI), em face do silêncio da Lei 7.841/89;*

g) *Lei 8.560/90, de 29.12.92*, dispõe sobre a ação de investigação de paternidade, ampliando os meios de reconhecimento de filhos extramatrimoniais, através "*de escrito particular a ser arquivado em cartório; e por manifestação expressa e direita perante o juiz*".

Entretanto, o sistema de estabelecimento da filiação codificado estava estruturado exclusivamente, até o advento da Constituição de 1988, a partir da proteção de instituição da família matrimonializada, numa visão patriarcal e hierarquizada. Assim, a tutela jurídica da família, com base no casamento, determinou que a verdade jurídica fosse mais relevante do que a verdade biológica, distanciando-se, completamente, da verdade socioafetiva, salvo em hipótese restrita de contestação da paternidade privativa do marido, nos moldes do art. 344 do Código Civil.

Por isso, a posse de estado de filho não foi contemplada pelo Código Civil brasileiro, pois os valores que orientam esta noção são construídos a partir do elemento afetivo e sociológico da filiação, e sua ausência poderia comprometer a paternidade jurídica estabelecida pelo sistema clássico.

Todavia, este instituto não é totalmente estranho ao Código Civil brasileiro, como já dissemos anteriormente, pois o legislador dele utilizou-se como meio de prova do casamento, quando tem cunho confirmatório. É o que dispõe o art. 203: "*O casamento de pessoas que faleceram na posse de estado de casadas não pode se contestar em prejuízo da prole comum, salvo mediante certidão do registro civil, que prove que já era casada alguma delas, quando contraiu o matrimônio impugnado"*. Aqui a função deste instituto é suprir a falta de registro, se forem falecidas as pessoas que viveram na posse de estado de casadas. A finalidade é beneficiar a prole comum. Nessa hipótese, presume-se o casamento, por se proibir seja o mesmo contestado se há filhos da união, a menos que se prove, mediante certidão do registro civil, que já era casado um dos que faleceram na *posse desse estado*. O favor é concedido para proteger a filiação legítima, exigindo três pressupostos: 1) que os pais estejam mortos; 2) que tenham vivido na posse de estado de casados; 3) que a prole comum prove que o é.[104] Tudo indica que tenha sido adotado para favorecer a legitimidade dos filhos de pessoas casadas religiosamente, dado que, ao tempo da promulgação do Código Civil, não se admitia que o casamento religioso produzisse efeitos civis.[105]

Como se pode constatar na evolução e, às vezes, na involução da manifestação jurisprudencial, o sistema clássico sofreu alterações interpretativas para permitir a busca da paternidade biológica. O STF destaca em seus julgados, em várias oportunidades, como veremos no subitem 10.2 uma realidade fática em matéria probatória que identifica a *posse de estado*.

Entretanto, formalmente não acolhe a *posse de estado de filho* como fundamento da ação investigatória.

As Reformas, procedidas em várias legislações estrangeiras, como vimos anteriormente, estão estruturadas basicamente nos seguintes pontos:

a) ampliação do rol dos legitimados para impugnar a paternidade;

b) ampliação das hipóteses para contestar;

c) prazos maiores para contestação.

---

[104] PONTES DE MIRANDA, *Op. cit.*, pp. 234-6.

[105] GOMES, Orlando, *Op. cit.*, p. 117.

Investigação de Paternidade
POSSE DE ESTADO DE FILHO

Estas alterações possibilitam solucionar vários casos, em que não há correspondência entre a paternidade biológica e a paternidade jurídica. Mas uma outra verdade, que é *socioafetiva ou sociológica*, somente pode ser contemplada com a noção de "posse de estado de filho", a ser incorporada, expressamente, em nosso sistema jurídico de estabelecimento da filiação.

Assim, uma vez incorporada ao sistema, a noção de "posse de estado de filho" informaria positiva ou negativamente, fazendo cessar a presunção *pater is est*, quando a realidade socioafetiva estivesse determinando uma paternidade diversa daquela, inicialmente disposta pelo sistema.

10.2. A posição da jurisprudência

No Brasil, as alterações sociológicas motivaram uma resposta por parte da jurisprudência. Em pesquisa minuciosa, o professor Edson Fachin mostra que, inicialmente, o STF ficou preso ao Sistema, reconhecendo a carência de ação tanto do 3º (terceiro) quanto do filho adulterino "*a matre*"- porque a filiação era estabelecida pela *presunção* legal e, se não foi *afastada* pela contestação do marido da mãe, a situação era definitiva, como se constata na seguinte ementa, de acórdão do Tribunal de Justiça da Bahia:

"Investigação de paternidade, adulterinidade *a matre*. Presunção da paternidade legítima do marido quanto aos filhos do casal nascido na constância do casamento, quem pode impugná-la. Ilegitimidade *ad causam* dos filhos adulterinos para proporem ação de investigação de paternidade quando ainda não dissolvida a sociedade conjugal, mormente, se a paternidade, legalmente presumida, longe de ser impugnada por quem poderia fazê-lo, é pelo mesmo proclamada. Como preliminar de mérito, a ilegitimidade *ad causam* conduz à improcedência do pedido, sob o aspecto de carência do direito de ação .Nula não é a sentença que, reconhecendo, num de seus fundamentos, a ilegitimidade *ad causam* dos autores , conclui pela improcedência, e não pela carência da ação. Não há, nessas hipóteses, supressão de uma instância, principalmente, se a sentença aprecia o mérito em todos os seus ângulos".[106]

Após, o STF passou a admitir a Investigação, independentemente da contestação, em face de situações relevantes como, por exemplo, a separação de fato entre os cônjuges e o *comportamento* do marido da mãe, repudiando a paternidade, mesmo sem propor a contestatória. Aqui, pode ser antecipada a *importância da noção de posse de estado de filho* - presente ou ausente. Aliás, no RE nº 102.732-1 Goiás - Ementário 1.496-3 D.J., 8.4.88 - 1ª Turma, a posse de estado sofre explícito debate, como questão de direito, *porque houve erro de valoração da prova.* Com isso, o STF abre a via investigatória para uma situação em que a lei fechava as portas e rompe com o sistema de promoção jurídica da não-paternidade previsto no Código Civil.

Por ocasião do julgamento do RE, nº 80.805-PR, o Min. Moreira Alves, ao proferir seu voto, enunciou:

"O STF, em interpretação construtiva, que não encontra apoio na letra do Código, mas na lógica dos fatos, tem entendido que onde só se lê legalmente separados, dever-se-á ler, também separação de fato. A essa orientação atendeu o Projeto do Código Civil brasileiro, em seu art. 1.633, em que admite que a presunção de legitimidade deixa de existir, se ficar demonstrado que estavam os cônjuges separados de direito ou de fato. Por outro lado, o STF tem frisado que é preciso ficar demonstrada, à evidência,

---

[106] TJBA, ac. de 26.08.64, relator Des. Adolfo Leitão Guerra, *apud* Carlos Dayrell, (da filliação ilegítima do Direito Brasileiro, p. 312).

Investigação de Paternidade
POSSE DE ESTADO DE FILHO

a não-paternidade e só admitiu que a contestação possa ser feita pelo pai, ainda que sem utilização da via judicial, mediante documento inequívoco". (*in* RJT 78/335).

No STJ, igualmente, tem prevalecido o entendimento de que a separação de fato do casal afasta a incidência da regra *pater is est*, se o filho foi concebido, quando marido e mulher não estavam mais juntos. Nesse Tribunal Superior, por sinal, os avanços são ainda mais significativos, tendo em vista a implantação da nova ordem constitucional em nosso País, que determinou alterações profundas e notáveis transformações no direito de família.

Por ocasião do julgamento do REsp nº 4.987-RJ, enfrentou-se no STJ questão relativa a uma ação negatória de paternidade, alegando o recorrente que, feito o registro da menor nascida dois anos após o casamento, sua esposa lhe teria dito que a mesma era filha de outro, aduzindo o autor que, um mês depois, a mãe deixou o lar, levando a menina, requerendo o prosseguimento do feito e realização da prova genética e hematológica. O Juiz, em julgamento antecipado, julgou o autor carecedor de ação, forte nos arts. 337, 338 e 340 do Código Civil, e 4º e 5º da Lei de Introdução, daí o recurso para que a ação prosseguisse.

O relator, Min. Sálvio de Figueiredo, que votou no sentido do prosseguimento da ação negatória de paternidade, apontando que ninguém pode negar as enormes mudanças sociais e de comportamento das pessoas ocorridas desde a promulgação do Código Civil de 1916 até esta data, o acesso aos meios de prova hoje, cientificamente existentes e admitidos, e que saber a verdade sobre a sua paternidade é um legítimo interesse da criança: *"Um direito humano que nenhuma lei e nenhuma Corte pode frustrar"*. É ilustrativa a ementa desse acórdão, nos seguintes termos:

"I - Na fase atual de evolução do direito de família, é injustificável o fetichismo de normas ultrapassadas em detrimento da verdade real, sobretudo, quando, em prejuízo de legítimos interesses de menor. II - Deve-se ensejar a produção de provas sempre que ela se apresentar imprescindível à boa realização da justiça. III - O Superior Tribunal de Justiça, pela relevância da sua missão constitucional, não se pode deter em sutilezas de ordem formal que impeçam a apreciação das grandes teses jurídicas que estão a reclamar pronunciamento e orientação pretoriana".[107]

Também o Tribunal de Justiça do Rio Grande do Sul, em 07.12.95, (8ª Câm. Cível), decidiu questão semelhante: o marido propôs ação negatória de paternidade cumulada com ação de anulação de registro de nascimento e revogação de alimentos contra sua filha, representada pela mãe. A referida filha nasceu na constância do casamento, tendo sido registrada pelo próprio autor. Este, porém, já há algum tempo, vinha recebendo informações para "abrir os olhos" com sua esposa, sendo que tais rumores foram aumentando com o decorrer dos anos, principalmente após o nascimento da filha, o que ocorreu na constância do matrimônio e davam conta de que a menina não era, de fato, sua filha. Em determinada ocasião, para dirimir tais suspeitas, compareceu o requerente, juntamente com a filha, a um laboratório, coletando-se material de ambos, que foi submetido ao exame de DNA, constando-se que o autor não era pai biológico da criança.

A sentença deu por inepta a exordial por impossibilidade jurídica do pedido e mencionou o art. 337 do Código Civil (*pater is est*). O Ministério Público invocou os arts. 338 e 340 do Código Civil - presunção de que foram concebidos na constância do casamento os filhos

---

[107] *In Revista do STJ*, 26/378; DJU, 26.10.91.

Investigação de Paternidade
POSSE DE ESTADO DE FILHO

nascidos nas épocas mencionadas e as causa pelas quais o pai presumido pode contestar a paternidade - e alegou que teria havido decadência do direito de o pai acionar - art. 178, § 3º: *"Prescreve em dois meses, contados do nascimento, se era presente o marido, a ação para este contestar a legitimidade do filho de sua mulher"* (arts. 338 e 340). O relator no Tribunal foi o Desembargador e insigne jurista Sérgio Gischkow Pereira e argumentou que o art. 340 está ab-rogado, por colidir com normas legais posteriores, na medida em que: *"cerceia a ampla e plena investigação fático-probatória da paternidade, consagrada em nosso direito, atualmente. E não só se cogita da irrestrita igualdade constitucional, suficiente, segundo penso, para se ter como não recepcionado o art. 340, em tela, mas de explícitos e específicos artigos da lei: art. 26 e 27, da Lei nº 8.069/90 (Estatuto da Criança e do Adolescente), que deixam claríssimo não poder haver qualquer restrição à investigação da verdadeira paternidade biológica, mesmo no tocante a filhos havidos fora do casamento"*, arrematando: *"É a prevalência em nosso direito atual da verdade biológica, em detrimento da verdade jurídica (baseada na ficção jurídica)."*

Quanto ao problema posto pelo Ministério Público, em primeira e segunda instâncias, de que teria havido decadência do direito de o pai acionar, o Des. Sérgio Gischkow opinou que não foi recepcionado pela nova ordem jurídica o art. 344 do Código Civil (que diz caber, privativamente, ao marido o direito de contestar a "legitimidade" dos filhos nascidos de sua mulher), e nem o art. 178, em seus §§ 3º e 4º, I, acrescentando: *"Admitida a ampla investigação da real filiação, não há como persistir prazos exíguos como os aludidos"*. Veja-se que o art. 27 do Estatuto da Criança e do Adolescente situa como *imprescritível* o direito de reconhecimento do estado de filiação.[108]

---

[108] A ementa do acórdão é a seguinte: "Ação negatória de paternidade. Filiação. Decadência. As regras do Código Civil precisam ser adaptadas ao novo sistema jurídico brasileiro de direito de família implantado pela Constituição Federal de 1988 e diplomas legais posteriores. Isto implica revoga-

Há um acórdão do Tribunal da Guanabara[109] que nos parece desenvolver uma interpretação sistemática, fazendo cessar a presunção jurídica diante da realidade diversa, reconhecendo o direito de o filho adulterino intentar ação investigatória de paternidade contra o verdadeiro pai, independentemente da negativa de paternidade do marido de sua mãe. O fundamento é que presunção de paternidade cuja contestação cabe privativamente ao marido, decorre da intimidade conjugal, e não da simples celebração do matrimônio. Assim, quando o casal está, irremediavelmente, separado, não há honra familiar ou marital a preservar.

Dando também interpretação sistemática às disposições legais relativas ao estabelecimento da filiação, retratando a radical revisão de conceitos e reformulação de princípios, a 5ª Câmara Cível de Férias - "G" do TJSP, julgando Ap. Cível nº 211.760-1/5, em 25.8.94, por votação unânime, decidiu:

"A sistemática legal em vigor, ao admitir o reconhecimento do filho havido fora do casamento, por qualquer dos cônjuges, não distinguiu, e assim não afastou de seu âmbito de incidência os filhos reconhecidos (*sic*) pelo marido, na constância do matrimônio, mas, em realidade, gerados pela mulher com outro homem. Daí, a viabilidade de vir a mulher a declarar o seu adultério e pleitear, em relação ao filho adulterino (*sic*), o correto estado de filiação".

ção ou não recepção de vários dispositivos daquele Código, como, por exemplo, os arts. 340, 344 e 364, em matéria de filiação. Tornou-se ampla e irrestrita a possibilidade investigatória da verdadeira paternidade biológica, que prevalece sobre a verdade jurídica (três estágios da filiação: verdade jurídica - verdade biológica - verdade socioafetiva). Destarte, não há obstáculos legais superados à demanda negatória de paternidade proposta pelo pai contra o filho matrimonial. Da mesma forma, não podem persistir os prazos exíguos de decadência contemplados no art. 178, §§ 3º e 4º, n. I, do Código Civil. Apelo provido. Voto Vencido"(Ap. Cível nº 595.163.114).

[109] Ementário Forense, outubro 1974, Ano XXVI, nº 33.

Investigação de Paternidade
POSSE DE ESTADO DE FILHO

Relativamente à posse de estado de filho, a jurisprudência tem negado seu poder criador. Representando, segundo o professor Edson Fachin, um posicionamento bem diverso daquele adotado pela reforma francesa de 1972. Exemplo disso é a decisão proferida no julgamento do Recurso Extraordinário nº 102.732-1, de 5.8.86, tendo como relator o Min. Nelson Néry da Silveira, que, em seu voto se manifesta contrário à tese do autor quando se refere à posse de estado de filho, afirmando que esta categoria não é acolhida pelo Direito Brasileiro, como causa para demandar a investigatória, pronunciando-se da seguinte forma:

"Ora, se a 1ª Câm. Cível do Tribunal de Goiás, se impressionou com a 'posse de estado de filho', a ponto de admitir a confissão não escrita, formulada por terceiros, como requisito para a investigatória, evidente que foi criado mais um tipo legal para o art. 363, do Código Civil. Se se criou novo tipo, houve ato legislativo pelo Poder Judiciário, o que é vedado constitucionalmente. Indiscutível a adoção pelo acórdão, da 'posse de estado de filho' com (*sic*) requisito fundamental da investigatória, o que é defeso pela legislação pátria. Tal decisão importa em legislar sobre o direito material, o que é vedado ao Poder Judiciário, nos termos do art. 8º, XVII, letra *b*, da Carta Magna."

E, ao final de sua argumentação a respeito da alegada negativa de vigência do art. 363 do Código Civil, discorrendo sobre a impossibilidade de confissão, através de testemunhas, substituir documento escrito de reconhecimento de paternidade, afirma que: "*o aresto recorrido criou novo pressuposto para a ação de investigação , ampliando a enumeração taxativa do art. 363, do Código Civil*".

Comentando o mencionado acórdão, esclarece Edson Fachin:

"o sistema pátrio da filiação não acolheu a posse de estado de filho, que ficou relegada e sequer aparece explicitamente no CCb, surgindo apenas, de um lado, sob as vestes de prova subsidiária admissível na falta do registro na expressão 'veementes indícios' da paternidade; de outra parte, a própria concepção de posse de estado figura, de modo esmaecido, na prova de estado de casado, em cuja seara, embora tenha existência explícita, recebe também papel secundário."[110]

O que nos parece é que, já antes da Constituição de 1988, o próprio ordenamento jurídico viabilizava uma interpretação sistemática, sem qualquer ruptura do sistema. É de se lamentar somente que, tendo a jurisprudência oportunidade de reconhecer a "posse de estado de filho" como função criadora do direito, evoluindo para o conceito de família sociológica, nada fez neste aspecto, preferindo utilizá-la como simples elemento informador, no contexto probatório. Como mais exemplo de descaso com a noção de *posse de estado de filho*, passamos a transcrever o voto do Des. Hélio Costa, relator da Apelação Cível nº 28.272, TJMG, 1ª Câm. Cível:

"Nego provimento, confirmando a sentença apelada, por seus próprios fundamentos, excelentemente deduzidos e ajuizados à prova e ao direito aplicável. De todas as testemunhas ouvidas, nenhuma se referiu à existência de ligações entre Felipe Tiago de Souza e a mãe do apelante, e, assim, falta por inteiro prova de qualquer dos fatos que, na enumeração dos itens I, e II, do art. 363, do CC, a lei atribui força presuntiva de paternidade. O que se apura na prova é que se dizia, e confirmava o próprio Felipe Tiago, ser este pai do apelante. Mas, tais referên-

---

[110] FACHIN, Luis Edson. *Da Paternidade Relação Biológica e Afetiva*, Belo Horizonte, Del Rey, 1996, pp. 160-6.

cias, que não bastam nem mesmo à prova a posse de estado de filiação, pois que nelas não se reúnem todos os seus elementos configuradores, são insuficientes ao reconhecimento forçado da pretendida paternidade, mesmo por que, ainda que um exame rigoroso dos fatos neles admitisse como configurada a posse de estado, é sabido que, em nosso direito, ela é inadmissível como fundamento da ação de investigação de paternidade, mas apenas como adminículo de provatório, aliás valioso, quando aliada a outros fatos autorizativos, na taxativa enumeração da lei, da presunção de paternidade".

Por outro lado, não se nega a atualidade da presunção *pater is est* (Hegnauer), que opera como resíduo diferenciador entre a situação dos filhos tidos dentro do casamento e fora dele. Mas juntamente com o acolhimento de hipótese de *cessação da presunção de paternidade*, as reformas recuperarão a antiga noção de *posse de estado.*

Conforme Jean Cruet, citado por Carlos Dayrel:

"De processo em processo, a jurisprudência versa questões a que o legislador não consagrou muitas vezes, senão uma vista unilateral e superficial. E uma compilação de arrestos é uma coleção de experiências jurídicas, em cessar renovadas, em que se pode colher ao vivo a reação dos fatos sobre as leis".[111]

Como se vê, a filiação não pode ser estruturada somente através de sua dimensão biológica, nem se reduz a uma mera questão de sangue. Guilherme de Oliveira[112] reconhece o interesse fundamental do pai biológico em tomar a sua posição no sistema cultural da

---

[111] *In* DAYREL, Carlos. *Op. cit.,* p. 265.

[112] OLIVEIRA, Guilherme de. *Estabelecimento da filiação.* Coimbra. Livraria Almedina. 1997. p. 84.

família, julgando que tem de se dar primazia ao vínculo natural, em princípio. Porém, o mestre lusitano não manifesta conveniência de o sistema jurídico se submeter à ordem biológica até um ponto em que perde a dimensão organizativa, esquece os valores da paz familiar e, sobretudo, o interesse manifesto e concreto do filho.

Espera-se que os nossos tribunais, com base no princípio da igualdade entre os filhos, qualquer que seja a filiação, firmem orientação no sentido de que o descendente tem o direito de investigar a sua paternidade, sem limitação ou restrição alguma, reduzindo, assim, a incidência da presunção *pater is est*, quando não a afastar, sempre que sua atuação possa comprometer os interesses daqueles.

Como se verifica, a jurisprudência contribuiu, significativamente, para atenuar a força da presunção *pater is est*, evitando o estabelecimento de paternidades falsas. Entretanto, segundo Edson Fachin, o critério construído está fundado em teses defeituosas. Esta situação decorre do fato de que a *separação efetiva começou a "suprir a falta" da contestação de paternidade*. Observa que um fato não pode substituir uma ação judicial específica. Na prática, havendo separação de fato entre os cônjuges, admitia-se a via investigatória de paternidade ao filho de mulher casada que, quando procedente, fazia cessar os efeitos da presunção *pater is est*. Embora o rompimento com sistema legal tenha ocorrido, ele não foi assumido formalmente pelo STF, que sempre faz referência, nos julgamentos, à contestação de paternidade, como se estivesse seguindo o Código.[113]

Seria de todo conveniente que reformas futuras, além de contemplarem a noção de "posse de estado de filho" expressamente, reservem a ela uma posição de destaque no estabelecimento da filiação. Deve ser conce-

---

[113] FACHIN, Luis Edson. *Op. cit.*, p. 146.

Investigação de Paternidade
POSSE DE ESTADO DE FILHO

bida não só para suprir eventuais faltas ou defeitos do termo de nascimento, mas como elemento constitutivo da filiação. Mais, como *fonte de pretensão*, deverá ser incluída nas hipóteses do art. 363 do CCB, com força presuntiva de paternidade.

11. Natureza da ação de estado

As ações, pelos processualistas modernos, são classificadas, segundo seu objeto, ou segundo o provimento judicial a que "tendem",[114] ou ainda, em razão da "natureza do ato de tutela jurídica que se pretenda do juiz",[115] em constitutivas, condenatórias e declaratórias. Mas não pode esquecer que todas as ações são declaratórias, pois em todas o juiz declara a existência ou não de um direito subjetivo do autor, declarando a sua procedência ou improcedência, quando examina o mérito.

Entretanto, fala-se em ação declaratória, *stricto sensu*: a ação que se apresenta na técnica processual como exclusivamente declaratória, e é a que Chiovenda específica como sendo "de *mero acertamento*".

As ações declaratórias são, pois, aquelas em que o autor busca, simplesmente, a declaração da existência ou inexistência de uma relação ou situação jurídica. Assim é que o Código de Processo Civil de 1939, art. 2º, parágrafo único, lhe deu autonomia no direito objetivo, autonomia esta que subsiste no Código de Processo Civil de 1973, art. 4º.

Como ensina Ovídio Baptista da Silva, "*a não ser o caso, único, da ação declaratória de autenticidade ou de falsidade documental, somente uma relação jurídica ou um*

---

[114] CHIOVENDA. *Istituzioni dia dirito processual civile italiano*, vol. !, p. 31.

[115] MARQUES, José Frederico. *Instituições de direito processual civil*, vol. II, n. 275 e segs; Santos, Moacir Amaral. *Direito processual civil*, vol. I, nos. 124 e segs.

estado podem ser objeto de ação declaratória".[116] Segundo Pontes de Miranda, é possível *ação declaratória de parentesco,* ainda que se não alegue ligação com qualquer outro interesse. Mais, toda a relação da vida, que a ordem jurídica fez relevante e dota de efeitos jurídicos, se torna relação jurídica.[117] Ora, considerando que as ações que visam a declarar a paternidade nada mais fazem do que reconhecer o estado de filho, ou seja, a existência da relação de paternidade, pode-se afirmar que não há qualquer justificativa, seja de ordem material ou processual, para se exigir ou impor *numerus clausus* para o ajuizamento de demanda investigatória. Isso em razão de os direitos da personalidade, como o é o direito do ser humano de conhecer seu vínculo genético, não poderem estar reduzidos a hipóteses taxativas, uma vez que o objeto da tutela é o indivíduo como um todo, dentro do princípio da dignidade da pessoa humana. Temos, pois, a ação declaratória do estado de filiação, que é imprescritível.

O estabelecimento da filiação pode verificar-se de diversas maneiras: a) a *presumida,* em que a paternidade decorre da relação matrimonial e prova-se pela simples

---

[116] DA SILVA, Ovídio A. Baptista. *Curso de Processo Civil* . Vol. I, Sérgio A. Fabris Editor. Porto Alegre. 1997. Esclarece o autor que as classificações usuais das ações e sentenças feitas pela doutrina, são classificações das respectivas *ações de direito material* que constituem a substância dos respectivos processos em que elas se encontrem. Assim as *ações de direito material* contidas no processo de conhecimento correspondem ao conteúdo de cada demanda. E, é *em razão da natureza do direito material posto em causa,* que as sentenças são classificadas em declaratórias, constitutivas e condenatórias. Portanto, uma ação será declaratória se a lide contida no processo *tender para um resultado declaratório.* A ação (de direito material) declaratória tem por fim a obtenção de uma sentença que, simplesmente, *declare a existência* (positiva) ou a *não existência (*negativa) de uma determinada relação jurídica. O juiz, na ação declaratória, não vai além de um juízo de pura realidade, não ultrapassando o domínio do *ser* ou do *não ser.* Está prevista no art. 4º do Código de Processo Civil Brasileiro, que dispõe: *"O interesse do autor pode limitar-se à declaração: I - da existência ou da inexistência de uma relação jurídica; II - da autenticidade ou falsidade de documento".*

[117] MIRANDA, Pontes de . *Tratado de Direito Privado,* v. 4. *op. cit.* p. 4.

demonstração do estado de casado. Atua aqui a presunção de paternidade do marido: *pater is est quem justae nuptiae demonstrant;* b) mediante *reconhecimento voluntário,* quando a filiação, fruto de relacionamento extraconjugais, não se estabelece pela presunção própria da relação matrimonial, exigindo o ato de declaração voluntário; c) mediante *reconhecimento judicial,* que se dá através das ações de estado, que são ações judiciais destinadas à verificação do estado de uma pessoa, especialmente, no caso da filiação onde o estado de filho necessita ser declarado.

É, pois, objeto das ações de estado, o estado da pessoa que, como conceituou Caio Mário da Silva Pereira, é seu modo particular de existir, sua condição individual na sociedade, da qual derivam direitos e obrigações.[118] Visam à fixação da relação jurídica da paternidade, distinguindo-se entre *positivas, ou ações de vindicação de estado,* como, por exemplo, a reclamação de filiação legítima (art. 350 do Código Civil), e *negativas, ou de contestação de estado,* como, por exemplo, a negativa de paternidade legítima (art. 339 do Código Civil). São ações judiciais destinadas a dirimir as controvérsias relativas ao *status personae,* o estado de uma pessoa, e, especialmente, ao estudo da filiação, o *status* de filho.

Assim, sendo as ações de estado declaratórias, pois visam a acertar a relação jurídica confirmando a existência de uma condição ou estado, sem constituir para o autor nenhum direito novo, nem condenar o réu a uma prestação. É evidente que poderão vir cumuladas, como no caso da ação de investigação de paternidade, com pedidos de alimentos ou petição de herança, mas, neste caso, são também condenatórias, pois seu objeto, além da declaração do estado, é uma prestação típica, consubstanciada no título executivo judicial, que possibilita a execução contra o réu.

---

[118] PEREIRA, Caio Mário da Silva. *Op. cit.,* p. 56.

É esclarecedora a esse respeito, a lição de Antônio Cicu,[119] quando afirma que não pode haver um estado *patrimonial* e outro *moral*, e muito menos a ação de estado poderá ser de *natureza variável*, apresentando-se ora como ação nitidamente patrimonial, ora como puramente moral. *O estado não se confunde com o efeito patrimonial*; a ação de estado distingue-se daquela em que é pleiteada a conseqüência.

Portanto, qualquer pretensão patrimonial que venha cumulada com o pedido declaratório de paternidade não altera a natureza do estado que se declara, sendo uma conseqüência do reconhecimento realizado.

Entretanto, conhecemos a discussão doutrinária sobre a natureza das ações de filiação como meramente declaratórias ou também constitutivas.[120] Como referimos anteriormente, enquanto nas ações declaratórias o autor apenas pretende a declaração da existência ou inexistência de uma relação jurídica ou de um fato juridicamente relevante, nas ações constitutivas o autor pretende, através da tutela jurisdicional, a conformação da ordem jurídica existente. Assim, enquanto os julgamentos declarativos fazem aparecer direitos anteriores, os julgamentos constitutivos criam direitos. Espelhos de direitos são os julgamentos declarativos; fontes de direitos são os julgamentos constitutivos.[121] Em ambos os tipos de tutela jurisdicional, o juiz declara a existência de um direito (ou de uma situação jurídica relevante), sendo que nas ações declarativas a atividade judicial se limita a retirar de um estado de incerteza objetiva esse

---

[119] CICU, Antônio. *Filiación*, p. 50.

[120] Não se pode esquecer que, para muitos juristas, como ALFREDO ROCCO, a função de todas as sentenças seria a de eliminar a incerteza sobre uma dada relação concreta litigiosa (*La sentenza civile*, 65), não sendo próprio sequer falar-se de sentenças constitutivas (pág. 128). Logo o conteúdo de todas as sentenças seria sempre e somente declaratório.

[121] CAPELO, Maria José de Oliveira. *Interesse processual e legitimidade singular nas acções de filiação*. Boletim da Faculdade de Direito. Coimbra. Coimbra Editora, 1996, p.58, citando Léon M. Mazeaud.

direito ou fato jurídico, verificando, em juízo, a sua existência ou inexistência, e nas ações constitutivas a sentença uma vez proferida, tem um efeito de criação, extinção ou modificação de direitos(ou de uma situação jurídica) e se já existem direitos anteriores estes não são mais do que o conteúdo dessa modificação jurídica. Esta realidade aparece mais claramente revelada nos conflitos de paternidade. Por exemplo, na ações de impugnação do vínculo de filiação o autor não pretende apenas a declaração da inexistência de uma concreta relação natural de procriação entre o presumido pai e o filho, mas visa à extinção dessa relação jurídica, cuja fonte não radica na verdade biológica ou não lhe parece legítima. A tutela jurisdicional destina-se a uma declaração de desconformidade entre o vínculo jurídico e a verdade biológica e porque não socioafetiva, em muitas situações.

Tratando-se de ações de investigação de paternidade a pretensão do autor procede no caso de se comprovarem os fatos constitutivos da relação de procriação invocada entre o pretenso genitor e o filho. Fatos estes que poderão estar fundados nas verdades jurídica, biológica e sociológica.

O juiz então declarará a existência ou inexistência desses fatos, e após ter atestado judicialmente os mesmos, estarão preenchidos todos os pressupostos de constituição jurídica do vínculo de filiação, decorrendo daí um efeito jurídico novo.

Assim, na investigatória de paternidade é incontestável que os fatos nos quais se traduz essa nova realidade jurídica (a constituição do vínculo filial) já existiam, mas estavam, contudo, imersos no mundo dos fatos pertencentes unicamente ao domínio da natureza e da realidade sociológica. Mas, o efeito jurídico novo, que é a constituição do vínculo de paternidade, não altera a natureza da ação de direito material que é declaratória, não devendo estar condicionada a causas previamente

Investigação de Paternidade
POSSE DE ESTADO DE FILHO

determinadas para o seu ajuizamento. Isto porque, como já dissemos, as ações de filiação têm também como fundamento o direito à integridade e identidade pessoal, formadores da historicidade pessoal de cada um, ou seja, no direito dos filhos a saber quer são os seus ascendentes biológicos.

A ação de investigação de paternidade é personalíssima, somente exercitável pelo filho, e a pretensão se extingue se este, em vida, não ingressou em juízo com esta finalidade. Entretanto, os herdeiros do filho podem prosseguir na ação, se ela tiver sido iniciada, configurando-se uma legitimação processual *jure hereditalis*, e não *jure proprio*. Assim, se o suposto filho não iniciou a ação, os filhos deste não têm legitimidade para obter declaração judicial do parentesco dos mesmos com seu pretendido avô. Mas, há uma decisão proferida no Resp. n. 269, do Rio Grande do Sul, da 3ª Turma do STJ que contraria este entendimento, com a seguinte ementa:

"I - Conquanto sabido ser a investigação de paternidade, do art. 363, do Código Civil, ação personalíssima, admissível a ação declaratória para que diga o Judiciário existir ou não relação material de parentesco com o suposto avô que, como testemunha, firmou na certidão de nascimento dos autores a declaração que fizera seu pai ser este, em verdade, seu avô, caminho que lhe apontara o Supremo Tribunal Federal quando, excluídos do inventário, julgou o recurso que interpuseram. II - Recurso conhecido e provido".

Outra questão que entendemos por examinar aqui, embora de natureza processual, até porque o presente trabalho pesquisa a posse de estado como causa de pedir em juízo à filiação, é a possibilidade do estabelecimento de litisconsórcio facultativo ativo e passivo na investigatória. Não há dúvida de que dois ou mais filhos da mesma mãe podem demandar, conjuntamente, a investigatória contra o mesmo pretenso pai. Por outro lado, tendo a mãe coabitado com vários homens durante o tempo possível da concepção do filho, entendemos que a ação de investigação de paternidade pode ser intentada, separada ou conjuntamente, contra os mesmos. Se vários podem ser o pai da criança, embora, é claro, apenas um deles o seja, por um princípio de economia processual, não há razão para que se intentem ações sucessivas, sendo conveniente e útil consolidar a discussão num só processo, ampliando-se o contraditório, na busca da verdadeira paternidade. Recordamos que, há bem pouco tempo, a simples opção pelo litisconsórcio facultativo passivo, por si só, já seria causa suficiente para o insucesso da pretensão por força da *exceptium plurium concunbentium*, mas os avanços científicos em matéria genética, com exame direto do DNA, resolveram parte do problema. Dissemos parte, porque ainda restaria a questão relativa à possibilidade ou não de a parte ser obrigada a realizar o exame de consagüinidade, o que foge ao presente tema. Portanto, verificada a identidade das pretensões dos autores, como filhos, e considerando-se que a relação jurídica questionada tem o mesmo fundamento, sendo as questões conexas, ditadas por um ponto em comum de fato e de direito (CPC, art. 46), nada impede o estabelecimento do litisconsórcio facultativo.

Importante, também, frisar que as ações de estado, expressão processual dos direitos da personalidade, são *imprescritíveis*, ou seja, o estado de filho, a qualquer tempo, pode ser objeto de demanda judicial, para que seja reconhecido. Entretanto, *prescrevem os efeitos patrimoniais* decorrentes da filiação declarada judicialmente. Se, a ação de investigação de paternidade, por exemplo, vem cumulada com a de petição de herança, esta última prescreve; a outra, não. Neste sentido, o STF, julgando o RE nº 93.393-AL,[122] 1ª Turma, tendo como relator o Min.

---

[122] *In* RTJ99/1.357.

Clóvis Ramalhete, ratificou o entendimento de que é imprescritível o direito à investigação de paternidade, ação de estado; no entanto, prescreve a de petição de herança. Interessante, neste caso, é que foi reconhecida a prescrição do direito de petição de herança da recorrida, uma vez que a sucessão do pai investigado tinha sido aberta há mais de vinte anos antes da investigação; entretanto, após a morte do pai, veio abrir-se a sucessão de um filho do investigado, não sendo defesa a petição de herança na sucessão do irmão, falecido há poucos anos, observada a ordem legal da vocação. A decisão foi unânime.

Característica marcante das ações de estado é que o estabelecimento da filiação produz efeito retroativo (*ex tunc*), quer dizer, retroage até o dia do nascimento do filho, ou, se houver interesse ou benefício para ele nisso, até o dia da concepção. Mário Aguiar Moura, afirma que:

"o reconhecimento tem natureza declaratória. Serve apenas para fazer ingressar no mundo jurídico uma situação que existia de fato. Repousando sobre a filiação biológica, a filiação jurídica, mesmo que declarada muito tempo depois do nascimento, preenche todo o espaço decorrido em que não existiu o reconhecimento. Retroage até a época da concepção, no sentido de o reconhecido adquirir todos os direitos que porventura se tenham concretizado e atualizado *medio tempore*".[123]

Quanto à sentença na ação de vindicação cumpre ressaltar que, embora não comporte execução direta, eis que declaratória, faz coisa julgada, tanto quanto é procedente a reclamação do estado, fixando, definitivamente, a relação jurídica de paternidade, como quando é improcedente, pois nesse caso, temos a confirmação da

---

[123] MOURA, Mário Aguiar. *Tratado Prático da Filiação*. V.1 , 1979, p. 255.

não-paternidade, ou seja, a inexistênca da relação de direito reclamada, atestando que não existe o vínculo jurídico com o demandado. Para Arnoldo Medeiros da Fonseca, a sentença proferida em ação de investigação de paternidade produz os mesmos efeitos do reconhecimento voluntário (Código Civil, art. 366), e a natureza declaratória e retroativa deste e daquela são, de maneira geral, afirmadas e reconhecidas entre nós, encontrando, porém, embaraço em face de direitos de terceiros, pela proteção legal concedida a certas situações concretas, exemplificando o autor: *"depois do reconhecimento não se pode anular o casamento do filho natural, contraído sem autorização paterna, porque o poder de consentir não existia no momento da celebração"*.[124] No mesmo sentido, Carlos Maximiliano afirma que o reconhecimento, quer voluntário, quer judicial, só faz constar o que existe já; por isso, tem efeito *declarativo* apenas, não *atributivo*, retroagindo até a data presumível da concepção e, dá direito de concorrer às sucessões abertas anteriormente à sentença e depois da época em que é de presumir ter sido gerado filho.[125]

Como vimos, nos termos do art. 363 do Código Civil, é privativa do filho a propositura da ação de paternidade contra o suposto pai, demonstrando a existência do fato de que se faz presumir a relação jurídica, e pleiteando que a declare o juiz. Se, por um lado, a ação de reconhecimento é do filho, não podendo este ser obrigado a iniciá-la, por outro, é facultado ao pai pleitear em juízo a declaração da inexistência da pretendida relação jurídica. Constata-se, pois, a vantagem desse suporte fático, representado pela posse de estado de filho, que poderá informar positiva ou negativamente, dependendo tão-só, a quem interesse sustentá-lo como causa de pedir na investigatória. Assim, a ação declara-

---

[124] FONSECA, Aroldo Medeiros da. *Investigação de Paternidade*, cit. n. 272, p. 350.

[125] MAXIMILIANO, Carlos. *Direito das Sucessões*, v. I, n. 249, p. 294.

Investigação de Paternidade
POSSE DE ESTADO DE FILHO

tória negativa de paternidade, é também perfeitamente possível. Mas, o Código Civil Brasileiro, preocupado em manter a unidade matrimonial a qualquer custo, atribui a ação negatória de paternidade, exclusivamente, ao marido (art. 344) para descontituir a presunção de paternidade, que somente poderá ocorrer nas hipóteses previstas no art. 340, quando se possa provar a impossibilidade física de coabitação no momento da concepção (*moléstia grave, impotência ou habitação em lugares distantes e incomunicáveis*) ou a "impossibilidade moral", esta última representada pela separação legal dos cônjuges. Nem a prova do adultério, nem a confissão materna, poderão excluir a paternidade do marido (arts. 343 e 346, do Código civil). Ainda o prazo decadencial fixado para a propositura da ação: dois meses contados do nascimento, se o marido era presente, ou três meses se o marido encontrava-se ausente ou se lhe ocultaram o nascimento, contando-se o prazo a partir de seu retorno ou da ciência do fato (art. 178, §§ 3º e 4º, I, do Código Civil). Cuidam-se de obstáculos quase intransponíveis à investigação de filho adulterino de mulher casada, justificável "no interesse da paz doméstica".[126]

Estamos certos de que estes obstáculos não mais se justificam, em face da unidade isonômica da filiação presente na Constituição e na legislação especial, autorizando o filho, representado pela mãe, ou em seu nome próprio, o ajuizar ação contestatória, após atingir a maioridade. É o que informa o art. 27 do Estatuto da Criança e do Adolescente, que dispõe: "*O reconhecimento de estado de filiação é direito personalíssimo, indisponível e imprescritível, podendo ser exercitado contra os pais ou seus herdeiros, sem qualquer restrição, observado o segredo de justiça*".

Além disso, como examinaremos no capítulo seguinte, a Constituição tem como fundamento (art. 1º, III),

---

[126] PEREIRA, Caio Mário da Silva. *Instituições*, p. 180.

a dignidade da pessoa humana, e sob este prisma teve orientado todo o sistema da filiação, visando ao maior interesse do menor, razão pela qual a atividade hermenêutica deve afastar todas as restrições e obstáculos impostos pelo Código Civil, na busca da paternidade verdadeira, não só informada por critérios biologistas, mas, sobretudo, hierarquizando os valores que sustentam a paternidade socioafetiva, caracterizada na posse de estado de filho.

O que propugnamos neste modesto trabalho é que, no sistema jurídico vigente, não pode mais o julgador entender que a investigação de paternidade está assentada somente nos fatos determinados no art. 363 do Código Civil, encerrando assim *numerus clausus*. Ao contrário, deverá, sempre que possível, compatibilizar as verdades jurídica, biológica e sociológica, hierarquizando sobretudo esta, estampada na posse de estado de filho, que, embora não figure expressamente como hipótese de perfilhação, é a única que representa um reconhecimento constante, qualificando a relação paterno-filial pela afetividade.

Dessa forma, sendo a finalidade da ação declaratória o acertamento de uma relação de direito, ou seja, da relação jurídica da paternidade, caracterizada pela fixação do estado de filiação jurídica, não nos parece possível no atual sistema jurídico vigente, reduzir as causas que poderão demonstrar a existência do fato, às hipóteses predeterminadas e enclausuradas do art. 363 do Código Civil. Sem dúvida, qualquer prestação jurisdicional deverá contemplar a eficácia sistêmica da norma aplicada ao caso concreto, no sentido de preservar ao máximo o direito da parte, sob pena de não fazer atuar o princípio orientador da interpretação sistemática, que é a supremacia hierárquica da constituição, objeto do estudo do último capítulo.

Investigação de Paternidade
POSSE DE ESTADO DE FILHO

12. Interpretação sistemática no estabelecimento da filiação a partir da posse de estado de filho

Cabe finalmente demonstrar que, embora nem o diploma civil vigente, nem tampouco o que está tramitando no congresso, contemplem expressamente a "posse de estado de filho" como suporte fático necessário e suficiente por si só para sustentar o estabelecimento da filiação, o certo é que uma interpretação sistemática do direito vigente, orientada pelos princípios e valores presentes na Constituição, possibilita construir uma estrutura argumentativa capaz de superar e romper a clausura imposta pelo sistema de filiação sustentado pela presunção *pater is est*.

Como já se disse, há muito tempo o Código Civil deixou de ser o ordenador único das relações privadas, e a tão almejada completude deu lugar, num primeiro momento, a leis extracodificadas, com a finalidade de atender a exigências impostas pelas nova realidade social, processo este que chegou a ser chamado de "era da descodificação",[127] quando o monossistema passou a ser substituído pelo polissistema, integrados por estatutos, que representam verdadeiros microssistemas de direito

---

[127] Expressão pelo professor Natalino Irti, da Universidade de Roma, *in* TEPEDINO, Gustavo. *Temas de Direito Civil*. Renovar, Rio de Janeiro, 1999, p. 11.

Investigação de Paternidade
POSSE DE ESTADO DE FILHO

privado. Conseqüência disso é a perda pelo Código Civil da *unidade sistemática*, ressaltada pelo texto constitucional de 1988, com características eminentemente sociais, o qual passou a consagrar princípios e valores que atingem as relações privadas, especialmente, quando tratam da propriedade, dos direitos da personalidade, das relações de consumo, da família e de tantas outras. Por esta influência, chegou-se ao ponto de falarse em constitucionalização do Direito Civil, ou ainda, manifestações adjetivadas no sentido de que direito privado estava socializado, pubilicizado, despatrimonializado.

Felizmente, o professor Gustavo Tepedino, cujo trabalho de releitura do Direito Civil brasileiro à luz da Constituição, o qual vem realizando, tem sido reconhecido e saudado pelos operadores do direito, adverte para o fato de que a adjetivação atribuída ao direito civil *"se, por um lado, quer demonstrar, apenas e tão-somente, a necessidade de sua inserção no tecido normativo constitucional e na ordem pública sistematicamente considerada, preservando, evidentemente, a sua autonomia dogmática e conceitual, por outro, poderia parecer desnecessária e até errônea"*.[128] Está com razão o referido mestre, pois, na verdade a missão dos civilistas se constitui em construir um Direito Civil alicerçado em valores não-patrimoniais que integram os postulados constitucionais tutelados prioritariamente, tais como a dignidade da pessoa humana, a realização da sua personalidade, os valores sociais de um modo

---

[128] TEPEDINO, G. *Op. cit.*, p. 21. Sustenta que "um direito civil adjetivado poderia suscitar a impressão de que ele próprio continua como antes, servindo os adjetivos para colorir, como elementos externos, categorias que, ao contrário do que se pretende, permaneceriam imutáveis. A rigor, a objeção é pertinente, e a tentativa de adjetivar o direito civil tem como meta apenas realçar o trabalho árduo que incumbe ao intérprete. Há de se advertir, no entanto, desde logo, que os adjetivos não poderão significar a superposição de elementos exógenos do direito público sobre os conceitos estratificados, mas *uma interpenetração do direito público e privado, de tal maneira a se reelaborar a dogmática do direito civil.*"

geral e a justiça distributiva. Por isso mesmo, fala-se em *despatrimonialização do direito privado*, o que está a diferenciar o atual sistema daquele construído em 1916, patrimonialista e individualista.

É de se perguntar: onde então buscar a unidade do sistema diante da nova realidade imposta pelo Estado Social? Não há dúvida de que a unidade, antes presente no Código Civil, deve ser buscada e informada pela rede axiológica da Constituição Federal.

Para tanto, alerta o professor Gustavo Tepedino, deve o civilista para superar alguns graves preconceitos, que o afastam de uma perspectiva civil-constitucional, agir da seguinte forma: não imaginar que princípios constitucionais sejam apenas princípios políticos; deixar de utilizar os princípios constitucionais como se fossem princípios gerais do direito, o que representaria uma subversão da hierarquia normativa, privilegiando leis ordinárias e até costumes; preferir, quanto à técnica interpretativa, as cláusulas gerais, e não ficar preso a uma regulamentação casuística, sob pena de sacrificar direitos simplesmente porque certa situação não estaria prevista; abandonar a dicotomia imposta pela separação do direito público e do direito privado, reconhecendo que a sociedade atual se caracteriza, justamente, pela interpenetração desses dois campos, o que fez com que a distinção deixasse de ser qualitativa para ser quantitativa, com enorme significado hermenêutico.[129]

Mas não se pode falar em interpretação sistemática sem falar nas origens do princípio da supremacia Constitucional, consolidado no final do século XVIII, segundo o qual a Constituição, produto do poder constituinte, é superior às leis ordinárias e demais atos normativos elaborados pelos órgãos dos poderes constituídos.[130]

---

[129] TEPEDINO, G. *op. cit.*, p. 19.

[130] NEVES, Marcelo da Costa Pinto. *Teoria da Inconstitucionalidade da Leis*, São Paulo: Ed. Saraiva, 1988, p.63. Este princípio funciona como critério interpretativo, afirmando este autor que "... a Constituição tem supremacia hierár-

Entretanto esta *idéia* de superioridade, já estava presente desde o jusnaturalismo dos séculos XVII e XVIII, e voltando um pouco mais atrás, vamos encontrar, em Aristóteles, a afirmação de que a democracia é uma "constituição", no sentido de que é uma forma de governo, fundada na igualdade, na liberdade e no respeito às leis, cujo alcance é universal.[131]

Para Nelson Saldanha,[132] o aspecto *formal* da Constituição escrita, bem como o conceito de Constituição decorrente da ideologia liberal positiva no artigo XVI da Declaração Universal dos Direitos do Homem e do Cidadão - *separação dos poderes e garantia dos direitos individuais* - determinaram a *passagem da supremacia do Direito* para a *supremacia da Constituição*, assim explicado:

"A supremacia da Constituição e, certamente, do direito, é supremacia de normas jurídicas que embasam o Estado e que forma o alicerce da ordem vigente. Mas, enquanto a idéia de uma submissão ao direito, envolvendo monarcas e estamentos, correspondeu ao conceito semicostumeiro de um direito nascente de costumes e fundado no jusnaturale

---

quica sobre os demais subsistemas que compõem o ordenamento, funcionando como fundamento de pertinência e critério de validade dos subsistemas infraconstitucionais. Pode-se defini-la conforme a terminologia tradicional, como o complexo normativo superior de determinado sistema jurídico estatal, sendo, portanto, o último fundamento e critério positivo vigente de pertinência e validade das demais normas integradas deste sistema". Ainda, Segundo a doutrina, uma das contribuições mais relevantes para a moderna teoria da supremacia constitucional foi dada por EMMANUEL JOSEPH SÈYES, ao formular a distinção entre *"PODER CONSTITUINTE"* e *"PODERES CONSTITUÍDOS"*.

[131] Registram-se aqui os ensinamentos recebidos nas magistrais aulas do saudoso professor LEÔNIDAS XAUSA, segundo o qual esta idéia de superioridade já estava presente no primeiro postulado da filosofia de Santo Agostinho, que se estruturava na existência *"de uma lei ou direito natural como fundamento ou justificativa da lei positiva, ambas referidas a uma lei eterna ou Divina"*, e ainda, *no Conselho de Guardiães das Leis platônico e da Politéia Aristotélica"*.

[132] SALDANHA, Nelson. *Formação da teoria constitucional*. Rio de Janeiro: Forense, 1983, p. 76.

com chancela divina, a submissão à constituição corresponde à sociedade pós-feudal, com imagem leiga do Estado e da política e com um conceito mais racionalista, mas técnico, sobretudo a americana e francesa, mais ainda esta - em que se deu a eclosão da idéia. Ela veio com a própria vigência da noção liberal/formal/escrita de Constituição".

Utilizando-se do recurso da "interpretação conforme a Constituição" (*Verfassungkonform auslegung*), consagrado nos sistemas de jurisdição constitucional, ensina Bonavides que o órgão fiscalizador da constitucionalidade, para evitar a declaração de inconstitucionalidade de uma lei em virtude de "normas dúbias" nela contidas, declara qual das possíveis interpretações é compatível com a Constituição.[133] Para Jorge Miranda, a interpretação "conforme a Constituição" não consiste tanto em escolher entre vários sentidos possíveis e normais de qualquer preceito o que seja mais conforme a Constituição, quanto em discernir no limite - na fronteira da inconstitucionalidade - um sentido que, embora não aparente ou não decorrente de outros elementos de interpretação, é o sentido necessário e o que se torna possível por virtude da força conformadora da Lei Fundamental".[134]

---

[133] Cf. BONAVIDES. *A Constituição aberta*. Belo Horizonte: Del Rey, 1993, p. 474. Adverte este autor que "Em rigor [*a interpretação conforme*] não se trata de um princípio de interpretação da Constituição, mas de um princípio de interpretação da lei ordinária de acordo com a Constituição". Esta advertência é importante porque há quem faça distinção quanto à natureza da "interpretação conforme" e "interpretação orientada pela Constituição". A primeira estaria no âmbito do controle de normas, enquanto esta última, no procedimento de aplicação de uma norma, cuja constitucionalidade não está questionada, que permite possibilidades de interpretação, deve-se escolher aquela intepretação que está mais próxima da Constituição.

[134] Cf. MIRANDA, 1991. *Manual de direito constitucional*. Tomo II, 3. ed., Totalmente revista e actualizada, Coimbra: Coimbra Editora Limitada. p. 264. Segundo este autor, a "interpretação conforme" não é, a rigor, "uma regra de interpretação, mas um método de fiscalização da constitucionalidade" e se justifica não em virtude de uma presunção de constitucionalidade, mas sim em função de um "princípio de economia do ordenamento ou de máximo aproveitamento dos actos jurídicos".

Investigação de Paternidade
POSSE DE ESTADO DE FILHO

A aplicação do método da "interpretação conforme" está fundada no princípio da *unidade da Constituição* (*Einheit der Verfassung*),[135] assim definido por Konrad Hesse:

"A relação e interdependência existentes entre os distintos elementos da Constituição *obrigam a não interpretar, em nenhum caso, a norma constitucional de forma isolada* (grifo nosso), mas sempre com base no conjunto em que ela deve ser situada; todas as normas constitucionais devem ser interpretadas de tal maneira a evitar contradições com outras normas constitucionais. A única solução para o problema, coerente com este princípio, será a que se encontre em consonância com as decisões básicas da Constituição e evite sua limitação unilateral a aspectos parciais".

Explica Perez Luño que, na aplicação da "interpretação conforme", as normas constitucionais não só atuam como *"normas de verificação da constitucionalidade"* (*Prufungnsnormem*), mas também *como "normas materiais"* (*Sachnormen*), na fixação das lei ordinárias. Essa qualidade de *normas de conteúdo* (ou normas materiais), atribuídas às normas constitucionais, faz com que estas determinem o conteúdo das leis ordinárias, porque impõem ao intérprete optar, em caso de pluraridade de sentidos de uma norma, pelo sentido que mais se harmonize com a Constituição e fixe o alcance das normas graças aos conteúdos da Constituição em caso de ambigüidade, equivocacidade ou indeterminação.[136]

O Direito é um todo orgânico, não sendo correto apreciá-lo em partes isoladas, ou seja, com indiferença pela noção de unidade. E sempre foi preocupação dos juristas e filósofos examinar em que medida estão os

---

[135] Cf. HESSE, Konrad, A *Força Normativa da Constituição*, trad. de G. Mendes. Porto Alegre, Sérgio Fabris, 1991, p. 27.

[136] Cf. PEREZ LUÑO, *op. cit.*, p. 281.

140 *José Bernardo Ramos Boeira*

juízes presos a uma ordem legal prévia, sendo esta uma manifestação, em direito, *"da dialética da razão e da vontade, da realidade e do valor, constituindo a razão e a realidade, o pólo objetivo, aquele que o juiz deve levar em conta e diante do qual deve inclinar-se, fornecendo a vontade e o valor o pólo subjetivo, que depende, no final das contas, da decisão do juiz"*.[137]

A propósito, Warat alerta em seu discurso que *"los juristas sostienen la eficacia social de la ley en la ficción de sus sentidos. Una lógica compulsiva de la pura apariencia de sentidos, que opera como una especie de garantia de obtención, en forma retroactiva, de un significado que ya estava en la ley desde su promulgación. Si salva así la pureza de la ley y se niega a la producción de subjetividad su valor jurídico"*.[138] Para Leonel Rocha, a problemática da hermenêutica teria muito a ganhar se adotasse como padrão metodológico a semiótica, pois somente assim poder-se-ia aprofundar todo o arsenal lingüístico do discurso jurídico, estudando as relações entre os enunciados jurídicos e os seres humanos que os criam, interpretam e aplicam.[139]

Mas o aplicador do direito deve renovar o processo hermenêutico para que, de formal se torne material, resgatando a dimensão axiológica do Direito perdida no descaminho do positivismo conceptualista.[140] Para tanto, não é mais suficiente a hermenêutica clássica vista apenas como técnica de interpretação, crescendo de importância o projeto de hermenêutica filosófica de

---

[137] PERELMAN, Chaim. *Ética e Direito*. Matins Fontes, São Paulo. 1996, p. 370. Segundo este autor, "quanto mais precisa for a ordem jurídica determinada pelo legislador, mais ela corresponderá, efetivamente, à ordem política e social à qual deve aplicar-se, mais reduzido será o papel do juiz na aplicação do texto e menor sua parte na elaboração direito".

[138] WARAT, Luis Alberto. *Por quien cantam las sirenas*. Unoesc/CPHD-UFSC, 1996.

[139] ROCHA, Leonel Severo. *Epistemologia jurídica e democracia*. São Leopoldo, Unisinos, 1998, p. 26.

[140] AZEVEDO, Plauto Faraco. *Aplicação do Direito*. São Paulo: Editora dos Tribunais, 1998, p. 69.

Gadamer, como adverte Lenio Streck, pois *"fazer hermenêutica jurídica é realizar um processo de compreensão do Direito, como dar sentido"*,[141] sobretudo na sua dimensão axiológica. Portanto, não poderá a aplicação do direito reduzir-se a uma abstração filosófica, devendo o intérprete conhecer e compreender os fatos sociais, identificando suas causas e conseqüências. Sua atuação deverá ser um fator de coordenação e de exegese dos textos legais, eliminando as contradições e os impedimentos aparentes para atingir, através da letra rígida, o ideal jurídico da sua realidade sociológica. Assim, para ser um bom hermeneuta, *"há mister conhecer bem o sistema jurídico vigente, pois a Ciência do Direito antecede à jurisprudência e é a primeira a inspirar soluções para os casos duvidosos."*[142]

Assim, é que recorremos, inicialmente, à idéia de sistema jurídico, porque esta, como já se disse, é a base de qualquer discurso científico, em Direito. E, a idéia de sistema jurídico *"justifica-se a partir de um dos mais elevados valores do Direito, nomeadamente do princípio da justiça e das suas concretizações no princípio da igualdade e na tendência para a generalização"*.[143]

Entretanto, preliminarmente, teremos que dizer de qual o conceito de sistema jurídico de que estamos falando. Razão pela qual *"o papel do conceito de sistema é o*

---

[141] STRECK, Lenio Luiz. *Hermenêutica E(m) Crise - Uma exploração hermenêutica da construção do Direito.* Porto Alegre: Livraria do Advogado, 1999, p. 168.

[142] MAXIMILIANO, Carlos. *Hermenêutica e Aplicação do Direito.* Forense, 15. ed., Rio de Janeiro, 1995, p. 195.

[143] CANARIS, Claus-Wilhem. *Pensamento Sistemático e conceito de sistema na ciência do Direito.* Trad. de Menezes Cordeiro. Lisboa, Fundação Calouse Gulbenkian, 1989, p. 75. Sustenta, ainda, que "outro valor supremo, a *segurança jurídica*, aposta na mesma direção. Assim, o pensamento sistemático radica, de fato, imediatamente, na idéia de Direito (como conjunto de valores jurídicos dos mais elevados). Ele é, por conseqüência, imanente a cada Direito positivo, porque e na medida em que este represente uma sua concretização e não se queda, por isso, como mero postulado, antes, sendo sempre, também, pressuposição de todo o Direito e de todo o pensamento jurídico e ainda que a adequação e a unidade também, com freqüência possam, realizar-se de modo fragmentado.

de traduzir e o de realizar a adequação valorativa e a unidade interior da ordem jurídica".[144] Segundo Bobbio, os ordenamentos jurídicos são dinâmicos, as normas que o compõem derivam uma das outras através da *autoridade*,[145] possuindo entre elas uma relação *formal*, que lhes dá unidade. Daí por que pressupõem uma *regra de coerência*,[146] segundo a qual, conforme o mencionado autor, "num ordenamento jurídico não deve existir antinomia". Entretanto, o próprio jurista, após questionar se esta regra, por sua vez, é jurídica, apressa-se em esclarecer que a proibição de antinomias dever ser dirigida apenas àqueles que são responsáveis pela produção e aplicação das normas, ou seja, legisladores e juízes. Assim, entre as várias formas de interpretação jurídica, cuja finalidade é eliminar as antinomias, deve o aplicador do direito, respeitando a unidade do sistema, optar pela chamada *interpretação sistemática*, que, na sua definição é:

> "aquela forma de interpretação que tira os seus argumentos do pressuposto de que as normas de um ordenamento, ou, mais exatamente, de uma parte do ordenamento, constituam uma totalidade ordenada, e, portanto, seja lícito esclarecer uma norma obscura ou diretamente integrar uma norma deficiente recorrendo ao chamado [espírito do sis-

---

[144] idem, p. 23."a idéia da adequação e da unidade do Direito demonstra, designadamente, uma extraordinária força dinamizadora, desde que não se entenda, de modo resignado, o Direito como um conglomerado causal de decisões singulares historicamente cumuladas".

[145] BOBBIO, Norberto. *Teoria do Ordenamento Jurídico*, Ed. UNB, 1997, p. 72 sustenta, citando Kelsen, que os ordenamentos jurídicos são dinâmicos, nos quais o enquadramento das norma é julgado com base num critério meramente formal, isto é, independentemente do conteúdo, que caracteriza o ordenamento moral.

[146] Idem, p. 80. Não é exato falar como se faz, freqüentemente, de *coerência* do ordenamento jurídico, no seu conjunto; pode-se falar de exigência de coerência somente entre suas partes simples. Num sistema dedutivo, se aparecer uma contradição, todo o sistema ruirá. Num sistema jurídico, a admissão do princípio que exclui a incompatibilidade tem por conseqüência, em caso de incompatibilidade de duas normas, não mais a queda de todo o sistema, mas somente de uma das duas normas, ou, no máximo, as duas.

Investigação de Paternidade
POSSE DE ESTADO DE FILHO

tema],[147] mesmo indo contra aquilo que resultaria de uma interpretação meramente literal".

Por outro lado, o Professor Juarez Freitas esclarece que o conceito de sistema deve ser rigoroso e aberto, porquanto, diversamente do que sustentava a escola da exegese, o sistema jurídico não é fechado.[148] O referido autor conceitua sistema jurídico como sendo *"uma rede axiológica e hierarquizada de princípios gerais e tópicos, de normas e de valores jurídicos cuja função é a de, evitando ou superando antinomias, dar cumprimento aos princípios e objetivos fundamentais do Estado Democrático de Direito, assim como se encontram consubstanciados, expressa ou implicitamente, na Constituição"*.

A partir desse conceito, o referido autor define textualmente interpretação sistemática, *"como uma operação que consiste em atribuir a melhor significação, dentre várias possíveis, aos princípios, às normas e aos valores jurídicos, hierarquizando-os num todo aberto, fixando-lhes o*

---

[147] Idem, p. 75. BOBBIO, citando DEL VECCHIO, diz que "cada proposição jurídica em particular, mesmo podendo ser considerada também em si mesma, na sua abstratividade, tende naturalmente a se constituir em sistema. A necessidade da coerência lógica viva não se pode desenvolver também no campo do Direito, a não ser que ligue as suas afirmações, à guisa de reduzi-las a um todo harmônico". Ainda, refere T. Perazzi, em sua - Introdução às ciências jurídicas, ao afirmar que "as normas que entram para constituir um ordenamento jurídico não ficam isoladas; tornam-se parte de um sistema, uma vez que certos princípios agem como ligações pelas quais as normas são mantidas juntas de maneira a constituir um bloco sistemático".

[148] FREITAS, Juarez. *A interpretação sistemática do Direito.* Ed. Malheiros. 1995. Sustenta que o sistema jurídico não é aberto porque "a validade do Direito como sistema, ou seja, sua qualidade de ser obrigatório, não se explica, de maneira suficiente, pela mera referência a parâmetros formais. Em outras palavras, a validade formal de um sistema jurídico dado, ou a sua conformidade com as regras de reconhecimento, funda-se, em última instância, sobre valores, sendo inegável a concorrência de múltiplos princípios ou fatores em todas as construções jurisprudenciais. E o sistema não é dotado de estreitos e definitivos contornos, também porque o dogma da completude não resiste sequer à constatação de que as contradições e as lacunas acompanham as normas, à feição de sombras irremovíveis". Ressalta, ainda, a contribuição de HANS KELSEN, neste aspecto, quando diz que " normas jurídicas são molduras, e que o intérprete é quem, autenticamente, delimita o conteúdo das mesmas".

alcance e superando antinomias, a partir da conformação teleológica, tendo em vista solucionar os casos concretos".[149] Assim, a consciência da unidade do sistema e do respeito à hierarquia das fontes normativas, a Constituição é a base única dos princípios fundamentais do ordenamento. E a unidade do ordenamento é característica essencial da estrutura e da função de sistema jurídico.[150] Decorre esta unidade da existência(pressuposta) da norma fundamental *(Grundnorm)*[151] referencial determinador de validade de toda a norma jurídica que inclui, necessariamente, o afastamento de antinomias entre as várias proposições normativas dentro do sistema. É, pois, lógica, a relação entre a norma fundamental e a Constituição, relativamente à questão do fundamento de validade do ordenamento, que se realiza através do mecanismo do silogismo jurídico. Assim, é possível considerar-se o instrumento constitucional como conjunto de normas objetivamente válidas, e, concomitantemente, colocá-lo como instância a que foi dada a legitimidade para "revalidar" a ordem jurídica.[152]

---

[149] FREITAS, Juarez. *A interpretação sistemática do Direito.* Ed. Malheiros. 1995. p. 54. Esclarece que "a ampliação do conceito de interpretação sistemática, ora promovida, é proporcional àquela praticada quanto ao conceito de sistema jurídico. Em outras, palavras, a interpretação sistemática, em tal visada, mais compatível com as presentes funções multifacetadas do direito contemporâneo, é bem mais do que descobrir o sentido e o alcance de comandos legais, senão que é desvendar o alcance sistemático de cada princípio, norma ou valor. Dito de outro modo, *verdadeiramente, a interpretação sistemática, quando compreendida em profundidade, é a que se realiza em consonância com a rede hierarquizada, máxime na Constituição, tecida por princípios, normas e valores considerados dinamicamente e em conjunto. Assim, ao se aplicar a norma, está-se aplicando o sistema inteiro".*

[150] Examinar KELSEN, Hans. *Teoria Pura do Direito.* trad. de João Baptista Machado. São Paulo, Livraria Martins Fontes, 1985.p. 74 e ss., e - BOBBIO, Norberto. *Teoria do Ordenamento Jurídico.* Brasília, UNB- Polis, 1989 , que afirma: "Cada ordenamento tem uma norma fundamental que dá unidade a todas as outras normas, isto é, faz das normas espalhadas de várias proveniências um conjunto unitário que pode ser chamado de "ordenamento" (p.49).

[151] KELSEN, Hans, *op. cit.,* pp. 285 e ss.

[152] KELSEN, Hans, *op. cit.,* p. 277.

Investigação de Paternidade
POSSE DE ESTADO DE FILHO

Dessa forma, reconhecer a construção da unidade (hierarquicamente sistematizada) do ordenamento jurídico significa sustentar que seus princípios superiores, isto é, os valores propugnados pela Constituição, estão presentes em toda a extensão do tecido normativo, resultando, em conseqüência, inaceitável contraposição ou redução de sua abrangência por normas existentes no Código Civil, ou em qualquer outro diploma legal. Esta unidade do ordenamento é, sobretudo, uma unidade material de sentido, expressa em princípios gerais de Direito, que, ao intérprete, toca investigar e descobrir (sobretudo, naturalmente, ao intérprete judicial) ou a Constituição os tem declarado de maneira formal, destacando entre todos, pela decisão suprema da comunidade que a tenha feito, uns valores sociais determinados que se proclamam, no solene momento constituinte, como primordiais e básicos de toda a vida coletiva.[153]

Segundo Alexy, a Constituição não é já somente base de autorização e marco do direito ordinário. Com

---

[153] ENTERRÍA, Eduardo Garcia de. *La Constitución como norma y El tribunal Constitucional.* Editorial Civitas. 3ª Ed. Madrid. 1984, p. 102. Este autor destaca as conseqüências do princípio da interpretação de todo o ordenamento conforme a Constituição da seguinte forma: - "Hay que entender, como há notado ZIPPELIUS, que la Constitución constituye el - contexto - necesario de todas y cada una de las Leyes y reglamentos y normas del ordenamento a efectos de su interpretación y aplicación, aunque se a un contexto que a todas las excede en significado y en rango; - El carácter normativo de la Constitución no impone sólo su prevalencia en la llamada interpretación declarativa, tambien en la (indebidamente) llamada interpretación integrativa, que colma insuficiencias de los textos legales a aplicar; - La interpetación conforme la Constitución de toda y cualquier norma del ordenamiento tiene una correlación lógica en la prohibición, que hay que estimar implícita, de cualquier costrucción interpretativa o dogmática que concluya en un resultado directa o indirectamente contradictório con los valores constitucionales; - Las normas constitucionales son, pues, - normas dominantes - frente a todas en la concreción del sentido general del ordenamiento; - La generalidad del mandato de interpretación conforme a la Constitución asigna, por si solo, un valor preeminente a la doctrina legal que resulte de las Sentencias del Tribunal Constitucional frente a cualquier outro orden judicial, preeminencia que resulta de carácter de - interprete supremo de la Constitución que a aquel Tribunal corresponde, según el artículo 1 de su Ley Orgánica de 1979.

os conceitos, tais como os de dignidade, liberdade e igualdade e Estado de Direito, democracia e Estado social, a Constituição proporciona um conteúdo substancial ao sistema jurídico. Sustenta um constitucionalismo moderado tendo como fundamento a distinção entre regras e princípios, da seguinte forma:

"Tanto las regras como los princípios pueden ser concebidos como normas. Si esto es asi, entonces se trata de una distinción dentro de la clase de las normas. El punto decisivo para distinción entre reglas y principios es que los principios son mandatos de optimización mientras que las reglas tienen el carácter de mandatos definitivos. Los principios son susceptibles de ponderación y, además, la necesitan. La ponderación es la forma de aplicación del derecho que caracteriza a los principios. En cambio, la reglas son normas que siempre o bien son satisfechas o no lo son. Si una regla vale y es aplicable, entonces esta ordena hacer exactamente lo que ella exige; nada más y nada menos. No son susceptibles de ponderación y tampoco la necesitan. La subsunción es para ellas la forma característica de aplicación del derecho. El comportamiento de colisión de los principios pode claramente de manifiesto que entre principios y valores existe una amplia coincidencia estructural.Toda colisión de principios puede ser presenteada como una colisión de valores y toda colisión de valores como una colisión de principios. La única diferencia reside en el hecho de que en las colisiones de principios de lo que se trata es qué ha de ser en definitiva lo debido mientras que en la solución de una colisión de valores a lo que se responde es, en definitiva, qué es lo mejor. Una pauta que dice qué es lo debido, es decir, qué es lo ordenado, lo prohibido o lo permitido, tiene un carácter deontológico. En cambio, si dice qué es bueno o malo o mejor o peor, tiene un *status* axiológico. Hay que excluir un legalismo estritamente orientado por las reglas. Por razones de racionalidad práctica, es irrenunciable la presencia de principios y con ello - dicho con otra terminologia - de valores en el sistema jurídico".[154]

Segundo este autor, o critério de distinção, mais freqüentemente citado, é o da generalidade. Segundo este critério, os princípios são normas de um grau de generalidade relativamente alto, e as regras, normas de um grau relativamente baixo. Mas, o próprio autor afirma que a diferença entre princípios e regras não é simplesmente de grau, senão do tipo qualitativo.[155] Para Jorge Miranda, a função integradora da Constituição - desde logo no campo dos direitos fundamentais - reclama a função racionalizadora da interpretação constitucional.[156] E, muitos dos direitos fundamentais são direitos de personalidade, como ensina Canotilho, abarcam, certamente, os direitos de estado (*direito de cidadania*), os direitos sobre a própria pessoa (*direito à vida, à integridade moral e física, direito à privacidade*), os *direitos distintivos da personalidade* (*direito à identidade pessoal*).[157] É esclarecedora a lição de Santiago Dantas, ao considerar a palavra personalidade em dois sentidos diferentes.

---

[154] ALEXY, Robert. *El Concepto y la Validez de Derecho*, p. 341.

[155] ALEXY, Robert. *Derecho y Razón Práctica*. México. Distribuiciones Fontamara, 1993, p. 11.

[156] MIRANDA, Jorge. *Direitos Fundamentais e Interpretação Constitucional*. Palestra proferida em Porto Alegre, 22.08.97, a convite da Associação Brasileira de Juízes Federais. Esclarece o autor, no referido texto, que a "Constituição deve ser apreendida, a qualquer instante, como um todo, na busca de uma unidade e harmonia de sentido. O apelo ao elemento sistemático consiste aqui em procurar as recíprocas implicações dos preceitos e princípios em que aqueles fins se traduzem, em situá-los e defini-los na sua inter-relacionação e, em tentar, assim, chegar a uma idônea síntese globalizante, credível e dotada de energia normativa; ..."

[157] CANOTILHO, J. J. Gomes. *Direito Constitucional*. 5. ed. Livraria Almedina. Coimbra. 1992, p. 532.

"Quando falamos em *direitos de personalidade*, não estamos identificando aí a personalidade como a capacidade de ter direitos e obrigações; estamos, então, considerando a personalidade como um fato natural, como um conjunto de atributos inerentes à condição humana; estamos pensando num homem vivo e não nesse atributo especial do homem vivo, que é a capacidade jurídica em outras ocasiões identificada como personalidade".[158]

Para Puig Brutau e Puig Ferriol, direito da personalidade é *"aquele direito cujo conteúdo forma as distintas faculdades que fazem referência aos aspectos básicos, em seu duplo aspecto do físico e moral da pessoa"*.[159] Daí por que, parte da doutrina classifica os direitos da personalidade em dois grupos: os direitos à integridade física e os direitos à integridade moral. No primeiro grupo, situam-se o direito à vida, o direito ao próprio corpo e o direito ao cadáver. No segundo, encontram-se o direito à honra, o direito à liberdade, o direito ao recato, o direito à imagem, o direito ao nome e o direito moral do autor.[160]

Salienta G. Tepedino que a insuficiência da dogmática tradicional e das técnicas do direito privado para a tutela dos direitos humanos é um problema do processo de consolidação dos instrumentos de proteção dos mesmos, humanos, quer no âmbito do direito internacional, no que concerne aos Textos Constitucionais e às Declarações de Direitos Fundamentais, uma vez que a matéria se manteve, essencialmente, contida no direito público.[161]

---

[158] DANTAS, Santiago. *Programa de Direito Civil*. Ed. Rio. Rio de Janeiro, I, p. 192.

[159] PUIG BRUTAU, José; PUIG FERRIOL, Luis. *Fundamentos de derecho civil*, Barcelona, Bosch, 1979, p. 275.

[160] GOMES, Orlando. *Introdução ao Direito*, p. 153.

[161] TEPEDINO, Gustavo. *Anais do VI Seminário Nacional de Pesquisa e Pós-Graduação em Direito, Tema Geral - Direitos Humanos* - Faculdade de Direito da UERJ, Rio de Janeiro, 1997, p. 61.

Assim, a estrutura do direito civil herdada do direito romano sobretudo pela influência jusnaturalista, é construída a partir do individualismo da pessoa com ampla liberdade de contratar e adquirir patrimônio. De outro lado, a doutrina dos direitos fundamentais criou proteção do indivíduo perante o Estado. Temos, pois, de uma lado, a exaltação da individualidade no direito civil pela autonomia da vontade, e de outro, as garantias fundamentais no direito público, afastando e limitando a ingerência do Estado na esfera do privado.

O que se verifica é que as técnicas elaboradas pelo direito privado são insuficientes para efetivar a proteção das garantias individuais, uma vez que a tutela da dignidade humana, só por si, não está disciplinada no direito civil, sobretudo nas relações interpessoais. Por essa razão, é necessário a construção de critérios interpretativos capazes de integrar as diversas fontes normativas, sobretudo em face da supremacia constitucional dentro do sistema jurídico.

Dessa forma, os interesses superiores da filiação ditaram o princípio da igualdade[162] entre todos os filhos,

---

[162] MIRANDA, Jorge. *Op. cit.*, pp. 229-30. O autor comenta o princípio da igualdade como previsão constitucional e sua efetividade dizendo: "A experiência histórica mostra: a) que são coisas diferentes a proclamação do princípio da igualdade e a sua aceitação e aplicação prática: ou a consagração constitucional e a concretização legislativa - até porque o princípio comporta manifestações diversas, consoante os sectores e os interesses em presença refracções decorrentes do ambiente de cada país e de cada época; b) que, a par da construção jurídica a fazer e refazer constantemente, importa indagar sobre a cultura jurídica e cívica dominante na comunidade, sobre as idéias preconcebidas aí assentes, sobre a 'Constituição viva', sobre a realidade constitucional; c) que a conquista da igualdade não se tem conseguido tanto em abstracto quando em concreto, através da eliminação ou da redução de sucessivas desigualdades; e tem sido fruto quer da difusão das idéias, quer das lutas pela igualdade travadas por aqueles que se encontravam em situações de marginalização, opressão ou exploração; d) que, embora a superação destas ou daquelas desigualdades nunca seja definitiva e, por vezes, até venha acompanhada do aparecimento de novas desigualdades, o ideal de uma sociedade assente na igualdade (ou na justiça) é um dos ideais permanentes da vida humana e um elemento crítico de transformação não só dos sistemas jurídicos, mas também das estruturas sociais e políticas".

que afastou qualquer possibilidade de discriminação.[163] Para Franscico José Ferreira Muniz, tais princípios são normas vinculativas, o que significa que têm eficácia jurídica direta, e por isso *"os preceitos relativos ao direito de família devem ser interpretados e integrados em conformidade com este princípio."*[164]

Igualmente, os princípios inseridos na Constituição fundados na dignidade da pessoa humana (art. 1º, nº III) e ainda, a cláusula geral de tutela (art. 5º, § 2º) que não permite a exclusão de outros direitos decorrentes dos princípios nela adotados, devem condicionar e orientar qualquer interpretação, seja da própria Constituição ou do ordenamento infraconstitucional. Aliás, a dignidade da pessoa humana é o ponto de partida do ordenamento jurídico e implica que a cada homem sejam atribuídos direitos, por ela justificados e impostos, assegurando-lhe espaço para desenvolver sua personalidade.[165] Especialmente as relações de família passaram a ter proteção especial, na medida em que a Constituição destina a elas importante papel de promoção e efetivação da dignidade humana.

Não se pode esquecer, ainda, que a sistemática de proteção à dignidade humana, como fundamento constitucional e dentro do direito privado, configura-se, justamente, nos chamados direitos da personalidade, reconhecidos também como direitos absolutos,[166] ou seja, válidos *erga omnes,* ao contrário do que ocorre com os direitos reais, não podem ser contemplados em *nume-*

---

[163] Constituição Federal, art. 226, § 6º : "Os filhos havidos ou não da relação do casamento ou por adoção, terão os mesmos direitos e qualificações, proibidas quaisquer designações discriminatórias relativas à filiação".

[164] MUNIZ, Francisco José Ferreira. A família na evolução do direito brasileiro. In: *Direitos de família e do menor.* Belo Horizonte: del Rey, 1992, p. 79.

[165] ASCENSÃO, José de Oliveira. *Teoria Geral do Direito Civil.* Ed. F.D.L. Lisboa, v. I, p. 71.

[166] MORAES, W. Direito da Personalidade - Estado da Matéria no Brasil, *in* CHAVES, A. (coord.), *Estudos de Direito Civil,* São Paulo, Ed. Revista dos Tribunais, 1979.

rus clausus. Isso porque os direitos da personalidade estão fundados no princípio da dignidade da pessoa humana, e como tal, para terem eficácia plena, deve o ordenamento jurídico optar por uma cláusula geral de tutela, afirma Maria Celina Bodin de Moraes, consagrando assim uma integral proteção da personalidade,[167] em que se incluem as chamadas ações de estado, ou a noção de estado, individual e familiar, contemplada em nosso ordenamento jurídico por preceitos de ordem pública, sob fundamento de que a situação jurídica de cada indivíduo interessa à sociedade.[168]

Também, a legislação infraconstitucional, através do Estatuto da Criança e do Adolescente, expressamente, contempla o direito da pessoa humana de formar sua historicidade pessoal a partir do conhecimento de seus genitores, ao dispor no art. 27, que *o reconhecimento do estado de filiação é direito personalíssimo, indisponível, podendo ser exercido sem qualquer restrição, observado o segredo de justiça.*

Poderia ainda, invocar-se que o Estado Democrático de Direito, estatuído pela Constituição de 1988, tem, entre seus fundamentos, a dignidade da pessoa humana, sua personalidade e seu livre desenvolvimento, isto é, os valores essenciais - estão no vértice do ordenamento jurídico brasileiro, sendo este o valor que orienta todos os demais ramos do direito. E a paternidade socioafetiva é acolhida por estes valores essenciais.

Conseqüência lógica é o necessário controle de validade dos conceitos jurídicos, especialmente do direito civil, orientados por uma interpretação sistemática, que entende que toda a norma do ordenamento deve ser interpretada conforme os princípios da Constituição Federal. Negar tal procedimento hermenêutico significaria admitir um ordenamento assistemático, inorgânico

---

[167] DE MORAES, Maria Celina Bodin, *A Nova família - problemas e perspectivas*, p. 174.

[168] *In* Gomes, Orlando. *Op. cit.*, p. 150.

e fragmentado, em que cada diploma legal responderia a uma estrutura axiológica própria, afastando-se da unidade normativa, o que importaria em total negação do princípio hierárquico de supremacia da Constituição ou da legalidade constitucional.[169] Não se pode, portanto, negar a natureza normativa dos enunciados constitucionais. Tampouco vislumbrar apenas conteúdo programático, atribuindo características de linha política, ou mero ideário jurídico, às disposições, hierarquicamente, superiores, que se encontram no ápice do ordenamento. Este equívoco, que é:

"antes tributário de imprecisão técnica do que de uma construção científica apta a justificá-la tem sido, contudo, objeto dos devidos reparos e, logo, ao que tudo indica, não será mais necessário reafirmar que a Constituição é um sistema normativo e que as normas constitucionais, como espécie do gênero normas jurídicas, conservam os atributos essenciais destas, dentre os quais a imperatividade do mesmo modo que os civilistas não precisam debater se as regras previstas no Código Civil são ou não jurídicas".[170]

---

[169] Neste sentido, SILVA, J. Afonso da. *op. cit.*, p. 107, "que o princípio da legalidade é um princípio basilar do Estado democrático de Direito: é da essência do seu conceito subordinar-se à Constituição e fundar-se na legalidade democrática. Sujeita-se, como todo Estado de Direito, ao império da lei, mas da lei que realize o princípio da igualdade e da justiça não pela sua generalidade, mas pela busca da igualização das condições dos socialmente desiguais".

[170] BARROSO, L. R., *O Direito Constitucional e a Efetividade de suas Normas*, Rio de Janeiro, Renovar, 1990, pp. 70-2, classifica esta situação de "paradoxal equivocidade". Ainda, ao examinar as causas da falta de efetividade das normas constitucionais no Direito Brasileiro, analisa a questão das normas constitucionais materialmente inexequíveis e afirma que, nesses casos, o intérprete tende a negar seu caráter vinculativo, distorcento o teor de juridicidade da norma constitucional. "No âmbito do direito civil, esse aspecto já foi amplamente elaborado e se encontra positivado em texto legal"(arts. 116, 1.091 do CC).

Investigação de Paternidade
POSSE DE ESTADO DE FILHO

Para o que nos interessa no presente trabalho, decorrem destes conceitos a "exigência teleológica e operacional do princípio hierárquico da supremacia da Constituição", bem como a *a escolha hierarquizada de valores e a preservação da unidade como tarefa máxima do intérprete, especialmente, ao lidar com as antinomias.*"[171] Segundo Perlingieri, a normativa constitucional não deve ser considerada sempre e somente como mera regra hermenêutica, mas também como norma de comportamento idônea a incidir sobre o conteúdo das relações entre situações subjetivas, funcionalizando-as aos novos valores.[172] A constituição deve atuar como centro de integração do sistema jurídico de direito privado.[173] Sem esquecer que um sistema jurídico não pode ser considerado uma conquista definitiva ou um resultado final e acabado, devendo adaptar-se, quotidianamente, à interpretação dos operadores jurídicos, que apontam seus rumos atuais.[174]

Concretamente, importa saber como reagiriam os operadores do direito se lhes fosse submetido para apreciação e decisão um pedido de estabelecimento da filiação, tendo como suporte fático "a posse de estado de

---

[171] FREITAS, Juarez. *A interpretação sistemática do Direito.* Ed. Malheiros. 1995. p. 62. Alerta o autor que, "as antinomias jurídicas, em sentido amplo, reclamam ser pensadas, concomitantemente, como contradições lógicas e axiológicas ou principiológicas. Com efeito, o sistema jurídico tal qual já se o definiu, está a exigir, ao lado ou diversamente dos significados expostos, uma noção mais rica e complexa do que aquela que o vê como simples aparato destinado à exclusão de incompatibilidades formais entre as normas." Define antinomias jurídicas, "como sendo incompatibilidades possíveis ou instauradas, entre normas, valores ou princípios jurídicos, pertencentes, validamente, ao mesmo sistema jurídico, tendo de ser vencidas para a preservação da unidade interna e coerência do sistema e para que se alcance a efetividade de sua teleologia constitucional.

[172] PERLINGIERI, Pietro. *Perfis do direito civil.* Rio de Janeiro: Renovar, 1997, p. 90.

[173] TEPEDINO, Maria Celina, B.M. *A caminho de um direito Civil constitucional.* Revista de Direito Civil, v.65, p. 21.

[174] *In* PERLINGIERI, Pietro. *Diritto comunitario e legalità constituzionale - Per un sistema italo comunitario delle fonti.* Napoli: ESI, 1992, p. 155.

filho"? Tivemos oportunidade de submeter, na condição de examinador da prova de processo civil, uma questão semelhante aos candidatos ao XL Concurso Público ao ingresso na Carreira do Ministério Público do Rio Grande do Sul, já, na segunda etapa do concurso, quando se realizam as provas escritas. Noticiava-se que fora ajuizada uma ação de investigação de paternidade, tendo como fundamento, posse de estado de filho. Ao receber a inicial, o magistrado deu vista ao Ministério Público, sobretudo porque havia um pedido liminar de fixação de alimentos provisórios. Perguntava-se então, qual seria a manifestação do candidato, naquela situação, representando o órgão do Ministério Público. Infelizmente, naquela oportunidade, 87%(oitenta e sete por cento) dos candidatos manifestaram-se *pelo indeferimento da petição inicial, por impossibilidade jurídica do pedido.* Sustentaram que *a causa de pedir, ou seja, posse de estado de filho, não estava elencada dentre aquelas que autorizam demandar o reconhecimento da filiação, nos termos do art. 363, do Civil.* Disseram, os demais, *que somente admitiriam a posse de estado de filho, como meio de prova, nos termos do art. 349, II, do Código Civil, dentro do conceito de veementes presunções resultantes de fatos já certos.* Assim, se acolhida pelo magistrado a promoção pelo indeferimento da inicial, o que ainda hoje é bem possível que aconteça, em percentual significativo, fulminado estaria o direito da parte, eis que, não está contemplado expressamente no sistema jurídico, o suporte fático que sustentava o pedido. Isso, sem falar na hipótese mais complexa ainda, que seria aquela decorrente de filho adulterino *a matre*, quando o nosso sistema adota o regime de atribuição da paternidade por força exclusiva do casamento, consagrando a máxima dos romanos : *"pater is est quem nuptiae demonstrant"*. Esta realidade está diante dos nossos olhos e a tão esperada garantia constitucional de uma adequada prestação jurisdicional assegurando os direitos fundamen-

Investigação de Paternidade
POSSE DE ESTADO DE FILHO

tais, resta comprometida pelas amarras a que a letra da lei pode submeter um interprete despreparado.

Mas, de que forma a utilização da interpretação sistemática pelo aplicador do direito poderia possibilitar que um pedido de estabelecimento da filiação, fundado na posse de estado de filho, fosse admitido como apto a receber prestação jurisdicional?

Ora, a Constituição Federal, no seu art. 226, § 6º, dispõe que "*os filhos, havidos ou não da relação do casamento, ou por adoção terão os mesmos direitos e qualificações, proibidas quaisquer designações discriminatórias relativas à filiação*".

Ainda, o Estatuto da Criança e do Adolescente, Lei 8.069, de 13 de julho de 1990, no seu art. 20, prescreve: "*Os filhos, havidos ou não da relação do casamento, ou por adoção, terão os mesmos direitos e qualificações, proibidas quaisquer designações discriminatórias relativas à filiação*". O art. 26 afirma que "*Os filhos havidos fora do casamento poderão ser reconhecidos pelos cônjuges, conjunta ou separadamente, no próprio termo de nascimento, por testamento, mediante escritura ou outro documento público, qualquer que seja a origem da filiação*". E o art. 27 asssegura que "o reconhecimento do estado de filiação é direito personalíssimo, indisponível e imprescritível, podendo ser exercitado contra os pais ou seus herdeiros, sem qualquer restrição, observado o segredo de Justiça".

Mais, a Lei 8.560, de 29 de dezembro de 1992, concede ao Ministério Público legitimidade para intentar ação de investigação de Paternidade, concorrente com qualquer outro que tenha legítimo interesse de intentar a investigação, sempre que houver registro de nascimento de menor apenas com a maternidade estabelecida. Esta mesma lei proíbe que, no registro de nascimento, se faça qualquer referência à natureza da filiação.

Por outro lado, em contraposição às prescrições acima que não fazem qualquer limitação ao reconhecimento do estado de filiação, temos o art. 363 do Código

Civil, dispondo que *"os filhos ilegítimos de pessoas que não caibam no art. 183, I a VI, têm ação contra os pais ou seus herdeiros, para demandar o reconhecimento da filiação: I - se, ao tempo da concepção, a mãe estava concubinada com o pretenso pai; II - se a concepção do filho reclamante coincidiu com rapto da mãe pelo suposto pai, ou suas relações sexuais com ela"*. Também o art. 340 do Código Civil limita as possibilidades de contestação da legitimidade do filho concebido na constância do casamento, ou presumido tal (arts. 337 e 338) só provando-se: *"I - que o marido se achava fisicamente impossibilitado de coabitar com a mulher nos primeiros 121(cento e vinte e um) dias, ou mais, dos 300 (trezentos) que houverem precedido o nascimento do filho; II - que, a esse tempo, estavam os cônjuges legalmente separados"*. Ainda, o art. 344 diz que *"cabe, privativamente, ao marido o direito de contestar a legitimidade dos filhos nascidos de sua mulher (art. 178, § 3º)"*.

Cumpre agora examinar a antinomia, entendendo-se essa como uma incompatibilidade entre os textos interpretados, decorrente do confronto entre *Norma Superior* (art. 226, § 6º) e *Norma Geral*, (arts. 363, 340, 344, CC) - *NS x NG*. Neste caso, deve preponderar a Norma Superior, em decorrência do princípio hierárquico da supremacia da Constituição.

Mas mesmo nas demais situações antinômicas que se verificam, como por exemplo, a incompatibilidade entre *Norma Geral* (arts. 363, 340 e 344, CC), e *Norma Posterior Especial* (arts. 20 e 27, da Lei 8.069/90) - *NG x NPE*, o sistema privilegia ou hierarquiza a especialidade como superior, preponderando a *NPE* sobre a *NG*.

Portanto, entre a incompatibilidade decorrente de estar a ação de investigação de paternidade assentada em fatos determinados, aparentemente, *numerus clausus*, (art. 363, CC) e os princípios constitucionais da dignidade da pessoa humana, da cidadania, a total liberdade no estabelecimento da filiação reconhecendo-o como um direito personalíssimo (art. 1, II e III, art. 226, § 6º, CF e arts. 20 e 27, da Lei 8.069/90), deve prevalecer a supremacia da Constituição como centro de integração do sistema jurídico.

Infelizmente, parte da doutrina ainda não compreendeu, em toda sua extensão, o caráter normativo das prescrições constitucionais, isto é, de sua juridicidade.[175] Esta decorre do fato de as normas constitucionais serem dotadas de supremacia, elegerem-se como as principais normas do sistema, não poderem ser contraditadas ou ter sua validade e eficácia reduzida por qualquer regra jurídica, sendo fundamental sua atuação na teoria das fontes do direito civil. Segundo Eduardo Garcia de Enterría, esta supremacia da Constituição sobre todas as normas e seu carácter central na construção e na validez do ordenamento em seu conjunto obrigam a interpretar este em qualquer momento de sua aplicação - por operadores públicos ou por operadores privados, por Tribunais ou por órgãos legislativos ou administrativos - com o sentido que resulta dos princípios e regras constitucionais, tanto os gerais como os específicos referentes à matéria de que se trate.[176] Mas há, na doutrina, posições que ainda sustentam, que aceitar a posse de estado como hipótese prevista, ou seja, como causa de estabelecimento da filiação, é neopositivismo ou ainda, seria atribuir poder legiferante ao juiz, incompatível com a natureza de direito escrito do nosso sistema.

Ora, estes posicionamentos negam toda a efetividade das normas de Direito Constitucional, esquecendo-se

---

[175] HESSE, Konrad. A *Força Normativa da Constituição*, trad. de G. Mendes. Porto Alegre, Sérgio Fabris, 1991.

[176] ENTERRÍA, Eduardo Garcia de. *La Constitución como norma y El tribunal Constitucional*. Editorial Civitas. 3. ed., Madrid. 1984, p. 95. Segundo este autor "el origen del principio que impone la interpretación conforme a la Constitución de todo el ordenamiento está en el proceso de consticionalidad de las leyes: antes de que una Ley sea declarada inconstitucional, el juez que efectúa el examen tiene el deber de buscar en vía interpretativa una concordancia de dicha Ley con la Constitución.

de que a uniformidade do ordenamento jurídico consiste, exatamente, em utilizar todo o potencial do sistema jurídico em renovado positivismo, que não se exaure em pura e simples obediência *à letra da lei*, mas que estende a rede axiológica constitucional a toda a legislação.

Outra não é a orientação passada pelo professor Juarez Freitas, ao conceituar e disciplinar a interpretação sistemática, pois cabe ao jurista moderno utilizar o recurso hermenêutico, voltando-se para aplicação direta e efetiva dos valores e princípios da Constituição, não apenas na relação Estado-Indivíduo, mas, sobretudo, na relação interindividual, regrada também pelo Código Civil. Assim, qualquer leitura da legislação infraconstitucional deve ser realizada sob a ótica dos valores constitucionais. E, mesmo quando houver, aparentemente, uma perfeita adequação do caso concreto a uma norma, é necessário buscar a justificativa constitucional daquele resultado hermenêutico. Daí a necessidade para os operadores do direito, do conhecimento e perfeito manejo da interpretação sistemática, pois a norma ordinária deverá sempre ser aplicada juntamente com a norma constitucional, que é a razão de validade para a sua aplicação naquele caso concreto.[177]

Assim, é necessário revisar os preceitos do nosso Código Civil à luz da Carta Magna, de modo a aplicar a diretriz constitucional às relações interprivadas, como sustenta G. Tepedino, entendendo *"não justificar a exclusão da ação investigatória, por não se prefigurarem as condições expressamente enunciadas pelo Código (art. 363), desde que possa ser evidenciada a paternidade"*.

---

[177] TEPEDINO, G. *A Tutela Jurídica da Filiação*. p. 232 - acrescenta o autor: "sobretudo, nos dias de hoje, quando a possibilidade de estabelecimento de paternidade sem relações sexuais, através dos métodos de concepção artificial, bem como o desenvolvimento de provas cada vez mais definitivas da paternidade - o exame de DNA, por exemplo -, traduzem situações fáticas que não compadecem com a realidade de outrora".

Investigação de Paternidade
POSSE DE ESTADO DE FILHO

Sem dúvida, entendemos que o art. 363 está superado para não dizer revogado, pois se tornou incompatível com os novos valores que informam a filiação presentes na Constituição Federal, sobretudo, porque a igualdade jurídica entre os filhos é absoluta e plena, não possibilitando qualquer discriminação. Assim, os casos nele enumerados como pressupostos de admissibilidade para que a ação pudesse ser ajuizada representam limites e restrições para a declaração da verdadeira paternidade, hoje não mais admitidos. E, se uma interpretação sistemática construída a partir da supremacia normativa da Constituição nos obriga a reconhecer o direito personalíssimo de reconhecimento de estado, de ver estabelecida a paternidade, o que é inerente à dignidade da pessoa humana, o exercício deste direito não pode estar condicionado a pressupostos restritivos, o que, declaradamente, está previsto no art. 27 da Lei nº 8.069/90, o Estatuto da Criança e do Adolescente.

Por fim, a conseqüência lógica é o necessário controle de validade dos conceitos jurídicos, especialmente do direito civil, orientados por uma interpretação sistemática, que tem por base o princípio hierárquico da supremacia da Constituição. Esse é o vetor pelo qual toda prescrição legal tem, provavelmente, um escopo, e presume-se que a este pretenderam corresponder os autores da mesma. Por isso, considera-se o Direito como uma ciência primariamente normativa ou finalística, devendo sua interpretação ser, na essência, finalística,[178] ou seja, buscar a teleologia constitucional.

---

[178] MAXIMILIANO, Carlos. *Hermenêutica e Aplicação do Direito*. Forense, 15. ed., Rio de Janeiro, 1995, p. 151, afirma que o hermeneuta sempre terá em vista o fim da lei, o resultado que a mesma precisa atingir em sua atuação prática. A norma enfeixa um conjunto de providências protetoras, julgadas necessárias para satisfazer certas experiências econômicas e sociais; será interpretada de modo que melhor corresponda àquela finalidade e assegure plenamente a tutela de interesse para a qual foi regida.

Conclusão

Todas as reformas significativas que modificaram o direito de família em diversos países deram especial importância ao instituto da "posse de estado de filho" no estabelecimento da filiação. Possibilitaram, com isso, que seja declarado pai aquele que, efetivamente, se comporte como tal, dispensando ao filho um tratamento singular, marcado por laços de intensa afetividade. Constatamos a utilidade desse conceito na solução dos mais variados conflitos de paternidade, viabilizando, com segurança, o sistema da filiação. Assim, a "posse de estado de filho" oportuniza a revelação da verdadeira paternidade que não se estabelece e não se funda somente por determinação biológica e jurídica. Se é certo que os avanços da ciência possibilitam plena identificação dos descendentes, sabe-se, hoje, até por imposição ética e moral, que verdadeira paternidade é caracterizada pelos vínculos estreitos que confortam e integram a relação paterno-filial, em que afeto, proteção e convivência harmoniosa são os fatores que alimentam esse precioso e indispensável grupo na formação de uma sociedade humanitária, que é a família.

Entretanto, na maioria dos casos, priorizam-se os vínculos biológicos da paternidade, em manifesta adesão à presunção romana *pater is est*, ignorando as conquistas modernas presentes na Constituição, que alteraram os modelos unívocos do casamento e da família, bem como proibiram qualquer tratamento discricionário entre os filhos legítimos e ilegítimos, valorizando o elemento socioafetivo, presente na filiação.

Aliás, os principais sistemas jurídicos reformados, como se constata no direito comparado, tendem a tutelar também valores sociologistas frente ao biologismo dominante, os quais melhor resolvem os desafios que, cada vez mais, a tecnologia da reprodução vai impor ao jurista, relativamente ao regime da filiação. Marcantemente, a verdade socioafetiva deve assumir papel de destaque, sobretudo nos casos em que é importante manter a estabilidade de famílias que cumpram o seu papel afetivo e social, embora não assentem num vínculo biológico, e ainda, nos casos em que se deva evitar o reconhecimento da filiação biológica por inconveniência para os interesses do filho. Esta situação aparece, claramente, quando se trata de inseminação artificial heteróloga consentida, por exemplo, em que a proibição de impugnar a paternidade do marido, que recai sobre o cônjuge que consentiu na referida inseminação, afasta a verdade biológica, devendo a paternidade estruturar-se na verdade sociológica, que é revelada pela posse de estado de filho.

Não se pode esquecer de que *"verdadeira filiação - esta a mais moderna tendência do direito internacional - só pode vingar no terreno da afetividade, da intensidade das relações que unem pais e filhos, independentemente da origem biológico-genética".*[179]

É recomendável que a legislação brasileira, a par de novo texto constitucional que estabeleceu o princípio da igualdade da filiação, acolha os ensinamentos vindos das reformas de outros países, já efetivada com êxito e contemple, expressamente, a instituto da "posse de estado de filho". A exigência fica ainda maior quando, diante do avanço das técnicas de reprodução humana, ampliando a criação da família monoparental, a paternidade biológica fica em segundo plano de importância.

---

[179] LEITE, Eduardo de Oliveira. *Temas de Direito de Família*, p. 121.

Dessa forma, poderá o sistema jurídico refletir a verdade socioafetiva, que deverá prevalecer sobre a biológica, quando não for possível compatibilizá-las. Isso porque a paternidade, nesse contexto, é capaz de produzir, na sociedade, frutos nascidos do amor, da dedicação e da compreensão, que, por certo, serão fatores de aperfeiçoamento da convivência humana.

Conclui-se, pois, que é possível considerar a "posse de estado de filho", como causa suficiente para demandar o reconhecimento da filiação e, por conseguinte, declarar a paternidade, preservando a unidade interna e coerência do sistema jurídico e alcançando a efetividade de sua teleologia constitucional.

Dessa forma, poderá o alguma maneira refletir a verdade socioafetiva, que deverá prevalecer sobre a biológica, quando não for possível compatibilizá-las isso porque a paternidade, nesse contexto, é capaz de produzir na sociedade frutos maiores do amor, da dedicação e da compreensão que, por certo, serão fato res de aperfeiçoamento da convivência humana.

Conclui-se, pois, que é possível considerar a posse de estado de filho, como critério suficiente para deman dar o reconhecimento da filiação e, por conseguinte, declarar a paternidade, preservando a verdade interna e a coerência do sistema jurídico alargada e a dinâmica de sua tipologia coutibuciotal.

Referências bibliográficas

ALEXY, Robert. *Teoria de la argumentación jurídica*. Madrid: Centro de Estudios Constitucionales, 1997.

——. *Derecho y razón práctica*. México: Distribuiciones Fontamara, 1993.

ALMEIDA JÚNIOR, Antônio. *Paternidade*. São Paulo: Cia. Editora Nacional, 1940.

ALVIM, Tereza Arruda (coord.) "A Tríplice paternidade dos filhos imaginários". *In: Repertório de Doutrina e Jurisprudência sobre direito de família: aspectos constitucionais, civis e processuais*. v. 2. São Paulo: ed. Revista dos Tribunais, 1995. pp. 170-85.

ANTUNES VARELA, J.M. *Direito de família*. Lisboa: Petrony, 1982.

ARDIGÓ, A. *Sociologia della famiglia. Questioni di sociologia*. v.1. Brescia, 1966.

ASCENSÃO, José de Oliveira. *Teoria geral do direito civil*. v. I. Lisboa: F.D.L.

AZEVEDO, Plauto Faraco. *Aplicação do Direito*. São Paulo: Editora do Tribunais, 1998.

BARACHO, José Alfredo de Oliveira. Teoria geral do poder constituinte, in *Revista brasileira de estudos políticos*, v. 52. Belo Horizonte, 1981,

BEVILÁQUA, Clóvis. *Código civil brasileiro*. v. 2. Rio de Janeiro: F. Alves, 1943.

——. *Direito de Família*, 3. ed. Recife, 1908.

BITTAR, Carlos Alberto. *O direito de família e a Constituição de 1988*. São Paulo: Saraiva, 1989.

——. *Reconhecimento de filhos havidos fora do casamento*, 1983.

BOBBIO, Norberto. *Teoria do ordenamento jurídico*. Brasília: UNB- Polis, 1989.

BONAVIDES, Paulo. *A Constituição aberta*. Belo Horizonte: Del Rey, 1993.

——. *Do estado liberal ao estado social*. 5. ed., Belo Horizonte: Livraria Del Rey Editora.

Investigação de Paternidade
POSSE DE ESTADO DE FILHO

BOSSERT, Gustavo A. ZANNONI, Eduardo A. *Régimen legal de filiación y patria potestad*, *Ley 23.264*. Buenos Aires: Ed. Astrea, 1992.

CAHALI, I.S. *Situação Jurídica do filho nascido fora do matrimônio*. IOB. Repertório de Jurisprudência. Fascículo 24. São Paulo. 1992.

——. *Filiação na Constituição de 1988*. Ed. Revista dos Tribunais. 1992, pp. 176-87.

CANARIS, Claus-Wilhem. *Pensamento sistemático e conceito de sistema na ciência do Direito*. Trad. de Menezes Cordeiro. Lisboa: Fundação Calouste Gulbenkian, 1989.

CANOTILHO, José Joaquim Gomes. *Direito Constitucional*. 5. ed., Coimbra: Livraria Almedina, 1992.

CAPELO, Maria José de Oliveira. *Interesse processual e legitimidade singular nas acções de filiação*. Boletim da Faculdade de Direito. Coimbra. Coimbra editora, 1996.

CARBONIER, Jean. *Derecho civil*. Tr. M. M. Zorrilla Ruiz, Barcelona: Bosch, 1961, p. 263.

CIFUENTES, Santos. *Derechos personalísimos*, 2. ed., Buenos Aires: Ed. Astrea, 1995.

CHIOVENDA, Giusepe. *Instituições de direito processual civil*. Trad. de J. Guimarães Menegale. São Paulo: Saraiva, 1942. v. I.

COELHO, Pereira. *Filiação*. Coimbra: Universidade de Coimbra/Faculdade de Direito, 1978.

COSTA, Maria Josefa Mendez. *La filiación*. Rubinzal Y Culzoni S. C.C. Editores, 1986.

COVELLO, Sérgio Carlos. *A presunção em matéria cível*. Rio de Janeiro: Forense, 1983.

CRUZ, João Claudino de Oliveira e. *Dos alimentos no direito de família*, n. 34; Tribunal de Justiça do Antigo Distrito Federal. *Revista Forense*, vol. 113, p. 131.

DAGOT, Michel e SPITERI, Piere. *Le noveau droit de la filiation*. Paris, 1971.

DANTAS, Santiago. *Programa de direito civil*, Rio de Janeiro: Ed. Rio, 1965,v. I

DAYRELL, Carlos. *Da filiação ilegítima no direito brasileiro*. Rio de Janeiro: Forense, 1998.

DÍAZ DE GUIJARRO, Enrique. *Tratado de derecho de família*, T. I, Buenos Aires: Navidad, 1983.

ENTERRÍA, Eduardo Garcia de. *La constitución como norma y el tribunal constitucional*. 3. ed., Madrid: Editorial Civitas, 1984.

FACHIN, Luis Edson. *Estabelecimento da filiação e da paternidade presumida*. Porto Alegre: Sérgio A. Fabris Editor. 1992.183p.

——. *Da paternidade - relação sócio biológica e afetiva*. Belo Horizonte: Del Rey Editora, 1996.

——. *Repensando fundamentos de direito civil brasileiro contemporâneo.* Rio de Janeiro: Renovar, 1998.

FERRER, Francisco A. M. *Introducción al derecho de família*, T. I, en Méndes Costa, Ferrando, Azvalinski, D'Antonio, Ferrer, Rolando, Santa Fé, 1982.

FONSECA, Arnoldo Medeiros da. *Investigação de paternidade*, 3. ed., 1958.

FREITAS, Juarez. *A interpretação sistemática do direito.* São Paulo: Malheiros, 1995.

GOMES, Orlando. *Direito de família.* 3. ed., Rio de Janeiro: Forense, 1978.

——.*O novo direito de família.* Porto Alegre: S. A. Fabris Ed., 1984.

GRAMPONE, ROMERO. *Reconocimento tacito de hijos naturales.* Montevideo: Ediciones Jurídicas Amálio Fernandez, 1978.

HESSE, Konrad. *Escritos de derecho constitucional. Coleção estudios constitucionales.* Madrid: Centro de Estudios Constitucionales, 1983.

——. *A força normativa da constituição*, Trad. de G. Mendes, Porto Alegre: Sérgio Fabris, 1991.

IOB - Repertório de jurisprudência. Fascículo 10. 1993.

KELSEN, Hans. *Teoria pura do direito.* Trad. de João Baptista Machado. São Paulo: Livraria Martins Fontes, 1985.

LEITE, Eduardo de Oliveira. *Temas de Direito de Família.* São Paulo: Revista do Tribunais, 1994.

——. *Famílias Monoparentais - a situação jurídica de pais e mães solteiros, de pais e mães separados e dos filhos na ruptura da vida conjugal.* São Paulo: Revista dos Tribunais, 1997.

——. *Tratado de direito de família: origem e evolução do casamento.* Curitiba: Jiruá, 1991.

LÔBO, Paulo Luiz Neto. *O direito de família e a constituição.* São Paulo: Saraiva, 1989.

LOPEZ, Angel M. *La posesión de estado familiar.* Sevilha: Publicaciones de La Universidad de Sevilha, v.12, 1971.

MACHADO, José. *Los hijos Ilegítimos.* Havana: Cultural S/A, 1941.

MAXIMILIANO, Carlos. *Hermenêutica e aplicação do direito.* 15. ed. Rio de Janeiro: Forense, 1995.

——. *Direito das sucessões*, 5. ed. Rio de Janeiro: Forense, v. I, 1964.

MICHEL, A. *Modèles sociologiques de la famille dans les societés contemporaines réformes du droit de la famille.* Arquives de Philosophie du Droit: 131, 1975.

MIRANDA, Jorge. *Manual de direito constitucional.* Tomo II, 3. ed., totalmente revista e actualizada, Coimbra: Coimbra Editora Limitada.

MIRANDA, Pontes de. *Tratado de direito de família.* V. 2: Direito de Família,. 3. ed. São Paulo: Saraiva, 1986.

——. *Comentário à Constituição de 1946.* Tomo VI (arts. 157-218), 4. ed. Rio de Janeiro: Borsoi, 1963.

——.*Tratado de Direito Privado.* Parte Especial. V. 9, T. IX, 4. ed. São Paulo: Editora Rev. dos Tribunais, 1974.

——.*Tratado de Direito Privado.* Tomo VII. Rio de Janeiro: Borsoi, 1955.

——. *Sistema de ciência positiva do direito.* Tomo II. Rio de Janeiro: Borsoi, 1972.

MOLINA, Maria Suzana Quicios. *Determinación de la filiación no matrimonial por reconccimiento.* Barcelona: José Maria Bosch Editor. 1997.

MONTEIRO, Washington de Barros. *Curso de direito civil.* V. 2, Direito de Família, 24. ed., São Paulo: Saraiva, 1986.

MORAES, Walter. *O novo direito constitucional da filiação.* Repertório IOB de Jurisprudência, São Paulo, quinzena, out.1988.

MOREIRA, José Carlos *Temas de direito processual,* 1ª série, 2. ed., São Paulo: Saraiva, 1988.

MOREIRA ALVES, José Carlos. *Posse. Estudo dogmático.* 2. ed., Rio de Janeiro: Forense.1997.

MOURA, Mário Aguiar. *Tratado prático da filiação.* 2. ed., Rio de Janeiro: Aide, 1984, v. I e II.

NINO, Carlos Santiago. *La validez del derecho.* Buenos Aires: Editorial Astrea, 1985.

NEVES, Marcelo da Costa Pinto. *Teoria da inconstitucionalidade da leis.* São Paulo: Saraiva, 1988.

OLIVEIRA, Euclides Benedito de. *A Família na nova constituição brasileira.* São Paulo: Revista dos Tribunais. pp. 46-51, jan. 1988.

OLIVEIRA, Guilherme de. *Estabelecimento da filiação, mudança recente e perpectivas. Temas de Direito de Família.* Coimbra: Livraria Almedina, 1986, p.104.

——. *Critério jurídico da paternidade.* Coimbra: 1983. Tese Doutorado. Faculdade de Direito de Coimbra.

OLIVEIRA, José Lamartine Correa; MUNIZ, Francisco José Ferreira. *Direito de família (direito matrimonial).* Porto Alegre: Sérgio Fabris Editor, 1990.

OLIVEIRA E SILVA, Tomás. *Filiação - constituição e extinção do respectivo vínculo.* Coimbra: Almedina., 1989.

PEREIRA, Áurea Pimentel. *A nova constituição e o direito de família.* Rio de Janeiro: Renovar, 1989,154p.

PEREIRA, Caio Mário da Silva. *Instituições de direito civil.* V. 5, Direito de família. Rio de Janeiro: Forense, 1981.

———. *Reconhecimento de paternidade e seus efeitos*. Rio de Janeiro: Forense. 1991.

PEREIRA COELHO, F. M. *Temas de direito de família*. Coimbra: Livraria Almedina, 1986.

———. *Curso de direito de família*. Coimbra: Livraria Almedina, 1981.

PERELMAN, Chaim. *Ética e direito*. São Paulo: Martins Fontes, 1996.

PERZ LUNO, Antônio E. *Derechos humanos, estado de derecho y constitución*, Quinta edición, Madrid: Editorial Tecnos S.A.1995.

PERLINGIERI, Pietro. *Perfis do direito civil. Introdução ao direito civil Constitucional*.Tradução de Maria Cristina de Cicco. Rio de Janeiro: Renovar, 1997.

———. *Diritto comunitario e legalità constituzionale - Per un sistema italo comunitario delle fonti*. Napoli: ESI, 1992.

PERROT, Michelle. Funções da família. In. *História da vida privada: Da revolução francesa à primeira guerra*. V. 4. São Paulo: Companhia das letras, 1991.

PIMENTA, José da Costa. *Filiação*. Coimbra: Coimbra Ed., 1986, 188p.

PLANIOL, Marcel de. Georges Ripert. *Derecho civil*. Tradução de Leonel Pereznieto Castro. México: Ed. Pedagógica Iberoamericana, 1986.

PUIG BRUTAU, José. *Fundamentos de derecho civil*. T. IV, Vol. II. Barcelona: Bosch, 1967.

RAO, Vicente. *Direito de família dos soviets*. 2. ed., Ed. Nacional, 1932.

RÉBORA, Juan Carlos. *Instituciones de la familia*. T. IV. Buenos Aires, 1947.

RÉMOND-GOUILLOUD, Martine. *La possession d'état d'enfant. Revue trimestrielle de droit civil*. Paris, juil-sept, 1975.

REPERTÓRIO *de jurisprudência e doutrina sobre direito de família*. Ed. Revista dos Tribunais, 1993.

RIZZARDO, Arnaldo. Teoria da aparência. *AJURIS*. v. 9, n. 24, 1992, pp. 222-31.

ROCHA, Leonel Severo. *Epistemologia jurídica e democracia*. São Leopoldo: Unisinos, 1998.

RODRIGUES, Silvio. *Direito civil*.12. ed., São Paulo: Saraiva, 1986, v.6, Direito da Família.

ROQUE, Sebastião José. *Direito de família*. São Paulo: Ícone Editora, 1994, 225p.

SALDANHA, Nelson. *Formação da teoria constitucional*. Rio de Janeiro: Forense, 1983.

SANTOS, J.M.Carvalho. *Código Civil brasileiro interpretado*. Rio de Janeiro: Calvino Filho Editor, 1934, v. IV.

SERPA LOPES, Miguel Maria. *Curso de direito civil*. Rio de Janeiro: Freitas Bastos, 1954.

SILVA, J. Afonso da. *Curso de direito constitucional positivo*. 5. ed., São Paulo: Ed. RT, 1989.

SILVA, Ovídio A. Baptista da. *Curso de processo civil*. Porto Alegre: Sérgio A. Fabris Editor, 1997.

SOUZA NETO, José Soriano de. *Do reconhecimento voluntário dos filhos*. 2. ed., São Paulo: Typographia Acadêmica, 1928.

STRECK, Lenio Luiz. *Hermenêutica e(m) Crise - Uma exploração hermenêutica da construção do Direito*. Porto Alegre: Livraria do Advogado, 1999.

TEPEDINO, Gustavo. *Temas de direito civil*. Rio de Janeiro: Renovar, 1998.

THEODORO JÚNIOR. *Dever de coabitação. Inadimplemento*. São Paulo: José Bushatsky Editor. 1976.

VILLELA, João Baptista. *Liberdade e família*. Monografia. Belo Horizonte: Faculdade de Direito da UFMG, 1980, p. 11.

——. Desbiologização da paternidade. *Revista da Faculdade de Direito da UFMG*, 21. Ano XXVII. Belo Horizonte, maio/79.

W. MORAES. "Direito da personalidade. Estado da matéria no Brasil", *in* A. Chaves (coord.), *Estudos de Direito Civil*, São Paulo: Ed. Revista dos Tribunais, 1979.

WARAT, Luis Alberto. *Por quien cantam las sirenas*. Unoesc/CPHD-UFSC.1996.

Rua Waldomiro Schapke, 77
Porto Alegre - RS
Fone: (051) 336.2466
Fax: 336.0422

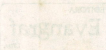